究
叢書・知を究める 14

時間の経済学

自由・正義・歴史の復讐

小林慶一郎［著］

ミネルヴァ書房

時間の経済学——自由・正義・歴史の復讐

目次

目　次

序　世代間問題を考える

私たちの社会を次の世代に引き継ぐために、私たちはどのような思想を持つべきなのだろうか。地球温暖化や財政危機など、社会の持続性を脅かす問題に直面してあらためて痛感するのは、次世代の人々の利害と私たち現在世代の利害との対立（本書では世代間のライフボート・ジレンマと呼ぶ）に関して、私たちはいかに無力であるか、ということである。未来の人々の利益を現在の政治や政策に反映させるにはどうしたらいいのだろうか。本書で考えたいのは、こういう問題である。

本書では、前半でまず、ロールズ、ハイエク、アーレント、ヨナス、ポーコック、サンデルなど現代の政治哲学者たちの思想を展望する。後半では、彼らの思想を参照しつつ、仮想将来世代の創設、イノベーションの社会契約論、拡張された人間主義といったいわば新しい思想のアイデアについて考える。

本書の内容はほとんど政治哲学についての考察で占められている。ただ、筆者は経済学者であるため、本書で取り上げる思想家の選択については、政治学の教科書的なバランスは取れていないかもしれない。また、ところどころで経済学的なロジックやコンセプトが現れることはあるが、本書は基本的に一般の読者を念頭に書かれている。

本書の章立ては次の通りである。

第一章では、日本の財政問題の現状を解説し、本書の主題である現在世代と将来世代との利害対立の問題を、世代間のライフボート・ジレンマという概念として抽出する。第二章では、現代の標準的なリベラルの政治哲学（ロールズの正義論）が、世代間の問題を本質的に解決できないことを見る。第三章では、世代を超えた社会の持続性に関する論点として、法規範と議会改革（ハイエク）、全体と個の問題としての全体主義論（アーレント）、世代間倫理（乳飲み子に対する責任、ヨナス）などを取り上げる。第四章では、現代的リベラルに対抗する自己統治の自由の議論を辿り、ポーコックやサンデルの共和主義思想を概観する。

後半の第五章では、ロールズの正義論の枠組みに、共感（アダム・スミス）の作用を組み込むことで、「仮想将来世代」の創設が新しい社会契約として合意され得ることを考察する。仮想将来世代とは、将来世代の利害を代表する役割を与えられた政治アクター（政府機関など）のことである。第六章では、これまであまり政治哲学の世界で考慮されることがなかった「知の探究（イノベーション）」を主題とした社会契約論を構想し、個人の利己的な行動が、意図せざるかたちで、社会全体の正義の進歩に貢献できることを示す。個人が利己的動機で行う知の探究（イノベーション）が社会全体の公益を増進するのである。こうして個人による特定の人生の目的追求が、社会の正義に資する行為として是認される。さらに、正義のシステムは一種の共有された資産となり、現在世代による将来世代のための自己犠牲は、自分の資産価値を守るための（利己的）行動として自発的に選択されるかもしれない。最後に第七章では、スピンオフ的な議論として、人工知能によって人間理性が拡張されていく時代における新しい理念――拡張された人間主義《ヒューマニズム》――が将来世代への利他性を再生する可能性を論じる。

本書は、月刊誌の連載を書籍化したという性格のため、連載時の思考の流れのままに、話題があちこちに広がったり、同じ地点を別の角度から回ったり、というような、いわば思考の散策のようなところがある。論旨の追いにくさが懸念されるので、単行本にまとめるにあたり、各章の冒頭に、章の内容の要約を掲載した。それらを追うだけで本書の概要はご理解いただけると思うので、多忙な読者はまず各章冒頭の要約をお読みいただければ幸いである。

第一章　時間と公共性

本章では、近年になって人類が直面するようになった地球温暖化問題や財政悪化などの政策問題を、世代間の「ライフボート・ジレンマ」と定式化する。ライフボート・ジレンマとは、一人が自発的に犠牲になれば残りの全員が助かるが、だれも自己犠牲を選ばなければ全員が死ぬ、というタイプの問題である。全体が利益を得るためには一部の人がコストを負担しなければならないが、そのコストをあとで補償することが不可能であるという構造を持つことが、ライフボート・ジレンマのゲームの特徴である。

世代間のライフボート・ジレンマに直面する社会で、人々がどのような思想を持てば世代を超えて人間社会のシステムを持続できるか。どのような思想が共有されれば、世代を超えて社会を引き継ぐために必要なコストを、現在世代は自発的に負担するようになるのか。

そのような思想を探すことが本書のテーマである。世代間のライフボート・ジレンマの例として、日本が直面する政府債務の膨張という問題について、現状と今後に予想される事態を、具体的に展望する。

1　世代を超えた政策課題

ライフボート・ジレンマ

私たちがいま直面している経済社会の課題は、どこかかつての時代のものと違う。課題そのものが違うのは当然として、さらに、課題の「構造」が違うのである。日本は、巨額の公的債務を抱え、財政再建が課題だと言われ続けて二〇年が経つ。高齢化による社会保障支出と政府債務の膨張は、日本だけの問題ではなく、多くの先進国や新興国も直面している。財政の持続性を維持することは、これからの人類共通の課題といってもよい。この他にも、地球温暖化問題、原子力発電に関連する諸問題（福島第一原子力発電所の廃炉問題、放射性廃棄物の最終処分場の決定問題など）のように、世代を超えた超長期の時間軸を持った政策課題が増加している。こういう問題の本質は、どのように捉えればよいのだろうか。

これらの問題は、もちろん問題の時間軸が非常に長いのだが、そのことによって現代民主主義の仕組みでは扱いにくい政治的な意思決定問題になっている。それは、次のような「ライフボート・

ジレンマ」というかたちに定式化できる。

数名の人々が救命ボート（ライフボート）に乗って大海原を漂流している。ボートは沈み始めており、乗船者のうちの一人が退船すれば（すなわち一人が犠牲になれば）ボートは沈没を免れて残りの乗船者は全員が助かる、しかし、もしだれも退船しなければ、沈没して全員が死ぬ。

一般化していえば、ある集団（ある町、企業、国など）が危機に瀕していて、その中の少数の者が不利益を自発的に甘受する自己犠牲的な行動をとれば、残りの全員が利益を受ける、という状況である。「集団の存続のために、一部の人々が犠牲になる必要がある」という問題は、一種の究極の選択である。本当に命がかかる事態に直面することはあまりないが、それでも同じ構造を持った選択問題は、個人生活のレベルでも国家レベルの政治でも頻繁に起きる。たとえば「満員のブザーがなったエレベーターから誰が降りるか」のような日常生活の問題から、「在日米軍基地をこれからも沖縄県に集中させ続けるべきなのか」というような国政レベルの問題まで、構造はライフボート・ジレンマと同じといえるだろう。

ライフボート・ジレンマの構造を持つ問題は、現実の世界ではしばしば発生する事態であるにもかかわらず、経済学や経済政策の枠組みではうまく対処することができない。一人が海に飛び込めば、残りのメンバーは助かるが、海に飛び込んだ一人は何の利益も得られないし、文字通り死んでしまうので、あとで何らかの補償をもらうこともできない。これでは人々に自己犠牲的な行動をとらせるように経済的利益で誘導することはできない。自己犠牲を払った人の損失を補償できない状況である、ということが「ライフボート・ジレンマ」の本質なのである。

時間がもたらす困難

冒頭に挙げた日本の財政問題、すなわち財政健全化と社会保障制度の持続性の維持という課題は、まだ生まれてきていない将来世代も含めた複数の世代間での巨大な「ライフボート・ジレンマ」といえる。

このまま日本の財政悪化を放置すれば、将来のいずれかの時点で物価の大幅な上昇によって国債の価値が下がる。これは実質的な意味での国の債務不履行である。次節以降でくわしく論じるが、そうなればインフレ率や金利は激しく変動し、国民生活は混乱し、日本は長期的に衰退することになるだろう。将来のすべての世代が継続的に不利益をこうむることになる。二〇世紀の初頭には世界有数の経済大国だったアルゼンチンがその後の一〇〇年間にわたって衰退しつづけたことを思い浮かべればよい。一方、ひとつの世代（現在世代）が自己犠牲的な精神を発揮して、増税と社会保障支出の削減によって財政を健全化するならば、将来の日本の経済社会は安定し、これから先の何世代もの人々の生活は改善する。つまり、現在世代が犠牲を払えば、将来の何世代もの人々が利益を受ける。現在世代、次世代、次々世代、その次の世代……というように、何世代もの日本国民がひとつの救命ボートに乗っていると考えるならば、財政再建の問題はまさに「ライフボート・ジレンマ」の構造を持っている。

財政問題がふつうの政治課題と違うのは、課題の時間軸があまりにも長いということだ。

通常、全体の利益のために少数が不利益をこうむるという政治課題を解決する単純な方法は投票（多数決）による決定であろう。民主政の下では、議会での討論によって少数者の権利を最大限に守る手立てを講じつつ、最終的には多数決によって負担を一部の者に割り当てる。ふつうの政治問題に関しては、「多数決で決める」という方法についてすべての関係者が同意し、投票の結果は強制力を持つということも事前に合意し、そのうえで、政治的意思決定にすべての関係者が参加する。

ところが、財政再建の問題についてはその問題の性質上、世代間の多数決によって負担の分配を決めることができない。何世代も先の将来の人々はまだ生まれてすらいないので、財政再建についての意思決定に参加できないからである。財政の問題は「現在世代」の我々が自発的に自己犠牲的な改革を実行するか、問題先送りをして将来世代に犠牲を押しつけるか、を選択するしかない。将来世代が現在世代の我々の意思決定を拘束する方法はなく、あくまで我々が自発的に決めなければ強制手段はない。

私たちが自発的に自己犠牲的な改革を決意して実行するためには、現在世代の快適な私生活を犠牲にしても守るべきより大きな価値を持たなくてはならないだろう。世代を超えた「社会全体」の持続的発展により大きな価値を置く何らかの「政治哲学」を持っていなくてはならない。しかし、日本を含む先進諸国で支配的な個人主義的自由主義（いわゆるリベラルの政治哲学）は、現在世代の快適な生活を犠牲にしてまで守らなければならないような、個人を超えた政治的価値を提供できていない。一方、そのような政治的価値が大多数の人々に共有されていなければ、将来世代の利益のために現在世代の生活を犠牲にしようというような自己犠牲的な決定はできるはずもない。財政問題の解決は先送りされ、手遅れの状態になるまでなにも実行されないことになる。その結果、「財政破綻」と呼ぶべき事態が将来起きれば、その時点で人々は大きな損害をこうむり、その社会は長期的に衰退してしまうかもしれない。日本の財政問題が示しているのは、現代のすべての民主政国家が抱えるこのような内在的な欠陥なのである。

「公共性」の機能的定義

世代を超えた時間軸を持つ問題に対して適切に対処するためには、私たちはどのような政治哲学を持つべきなのだろうか。あるいは、世代を超えるような超長期の政策問題を人間はそもそも扱いきれるのだろうか。

本書では、この問題を中心に時間と公共性について考えていきたい。この課題は、経済学的な考察の手に余るので、政治哲学や思想に範を求めることになる。たとえばマイケル・J・サンデルのリベラリズム批判は、重要な手がかりを与えてくれるだろう。

政治哲学の諸学説では、公共性はさまざまに異なった仕方で論じられる。私は、それらをひとつの機能的基準によって判断するという方針を採用したい。前述のように、財政問題などの現代の政策課題は、世代間のライフボート・ジレンマという構造を持っている。このような「世代間のライフボート・ジレンマを克服して社会の発展を持続させる効果を持つこと」が公共性の機能的基準だと考えたい。

これは単に、筆者が功利主義（一部の人々にとって損失が発生しても、社会全体の利益の総和が大きくなるならそれを正義とする考え方）の立場に立つといっているように聞こえるかもしれないが、そう単純ではない。

財政問題を例にとると、その解決のためには、いまを生きる現在世代の有権者が全体として自己犠牲的な改革をおこなうことが求められる。自分たちの世代全体が、将来世代のために自己犠牲を払うべきだと自分自身を納得させることは、私たちが功利主義の思想を持っていても不可能だろう。功利主義が（多数決を通じて）社会全体の意思を決定付けられるのは、犠牲者が投票者の中のごく一部の人間であるときに限られる。現在世代が全員犠牲者になるような意思決定は、多数決で否決されてしまう。世代を超えた功利主義は現在世代しか投票権がない現実の政治を動かすことができない。

しかし、私たちのいまの生活の利便を超える何らかの公共的価値が、現在世代の私たちの意識に深く根付いたものとして共有されていれば、現在世代が全体として自己犠牲的な選択をすることが可能となる。危機に際して自己犠牲的な意思決定を可能にし、もっとも社会の持続的な発展に資するという「機能」を有する政治哲学こそ、いま我々が必要とする「公共性」を提供してくれるものだ、と考えたい。言い換えれば、さまざまな政治哲学の価値を判断するための判断基準として「世代間のライフボート・ジレンマへの耐性」を、暫定的に採用したいのである。

この基準から見ると、私たちの多くが持っている常識的な個人主義的自由主義（リベラリズム）は、財政危機のような課題に対して、公共理念としてうまく機能できない。

2 危機の様相——日本の財政問題

政治共同体の危機と政治哲学

ある政治的な共同体が「ライフボート・ジレンマ」型の危機に直面したときに、自己犠牲的な意思決定をスムーズに実行して危機を乗り切るためには、あらかじめそのような自己犠牲を称揚し促すような政治哲学が人々に共有されている必要がある。

国や地域によって共有される政治哲学は異なるが、いずれもなんらかのかたちで危機に際しての自己犠牲的行動を称揚する思想は含まれている。しかし、そのような共通点があるとしても、政治哲学の内容が違えば、意思決定にかかる時間やコストの大きさも、さまざまに異なるだろう。

その共同体の長期的な（世代を超えた）発展と存続を、政治哲学の究極の目標と考えよう。そのとき「世代間のライフボート・ジレンマ」の解決を基準にして、それらの政治哲学の優劣を論じることは、ひとつの思考のフレームワークとして許されるであろう。このような基準で政治哲学を比較検討することは、政治学や政治思想の学問の世界では正統なやり方ではないのかもしれないが、国家についての進化論的な考え方と思えばあまり違和感はない。

たとえば次のように考えることができる。異なる政治哲学（行動規範）を持つ国家が複数あって、それらが間歇的にライフボート・ジレンマ型の危機を繰り返す。そうした中で、ある国家は人口を増やし、ある国家は危機に対応できず滅びるとしよう。その過程で、長期的にもっとも人口が増えた国家の行動規範が環境変化への適応力という意味で優れている、と評価することができる。人間集団の自然淘汰という基準で行動規範（政治哲学）の優劣を判断するということである。これから将来において、ライフボート・ジレンマのような危機的状況に対して迅速かつ柔軟に対応できる国家が持つ政治哲学とはどのようなものか、それを古今の著作を参照しながら考えてみたい。

過去の歴史そして現在において、国家が淘汰されかねない危機として通常想定されるのは安全保障上の危機だった。日本の戦国時代や、二〇世紀初頭までの帝国主義の時代の国際社会では、国家は安全保障上の危機に潜在的に直面し続けていた。そこでのライフボート・ジレンマは軍事的な危機であり、自己犠牲を称揚する政治哲学とは、いにしえからの武勇の徳になるだろう。

軍事的な危機を除くと日本が存亡の瀬戸際に陥るような危機はないのではないか、と思われるかもしれない。そういう疑問に対して、まず主張したいことは、軍事的な危機とは異なるタイプのライフボート・ジレンマに現代の先進諸国が直面しているということであり、前節でも論じた通り、その典型的な例が財政問題だということである。以下では、なぜ日本の財政問題がそれほどの危機的状況であるのかという点を確認したい。

非常時というべき財政状況

財政の構造をどう決めるかという問題は民主主義の根幹（代表なくして課税なし）であり、国家百年の計そのもののはずである。ところがいま、財政再建の議論をするときに目標として語られるのは、せいぜい二〇二七年である（二〇一八年現在）。わずか一〇年先までしか先を見ないで、我々の子孫の生活に重大な影響を与える財政問題を考えていいのだろうか。一〇年先までしか考えないなら、消費税を二〇一九年一〇月に一〇％にするべきかどうかが重要な論点になるのも納得できる。しかし、一〇年たって二〇二八年になれば、さらにその一〇年後の財政の深刻さが問題となる。財政問題の解決は「逃げ水」のように先へ先へと逃げて行って、結局、なにをどこまでやれば財政は健全になるのか、さっぱり分からない。一〇〇年先の安心を得るためになにをすればいいのか、と疑問に思う人が多いはずだ。

実は、ある程度の手堅い想定のもとで、五〇年先、一〇〇年先まで財政の将来を推計することはそれほど難しくない。そのような計算さえすれば、財政健全化のためにどこまで財政収支を改善すべきか、という問題の答えは、保守的な見積額ならばすぐに出るのである。しかし、その答えがあまりにも不都合な見たくない数字であるから、あえて政府も多くの識者も、自分たちの視野を一〇年先までに自主規制しているのだといえる。

以下で述べるように、五〇年先または一〇〇年先までの長期推計によると、日本の財政を健全な水準に戻すためには、毎年の財政収支をいますぐ約七〇兆円も改善しなければならないことが分かる。二〇一八年の一般会計予算は約一〇〇兆円だから、七〇兆円を節約すると国家予算を約七〇％も削減する計算である。これと同じ財政収支の改善をもし歳出の削減ではなくて消費税の増税で達成しようと思ったら、消費税率を約三〇％程度も引き上げる必要がある。

二〇一八年現在に消費税率を一〇％にできるかどうかが焦点になっている日本の政治では、いずれも到底、実現することなどあり得ない「不都合な真実」というべき数字なのである。

たとえば、二〇一四年四月二八日に財政制度等審議会財政制度分科会で報告された「我が国の財政に関する長期推計」を見てみよう（図1を参照）。これは政府の公式推計としてではなく、あくまで審議会の事務局が試算した参考資料という位置付けで公表されたが、計算内容は財務省の研究者が公開データに基づいて客観的に計算したものである。

ベースラインの点線は、このまま財政の改革がなにも進まなかった場合に、政府の債務残高が国内総生産（ＧＤＰ）の何％になるかを示したもの。二〇二〇年頃までは増加幅は大きくないが、その後は利子が利子を生む発散プロセスに入り、二〇五〇年には五〇〇％を大きく超える。ベースライ

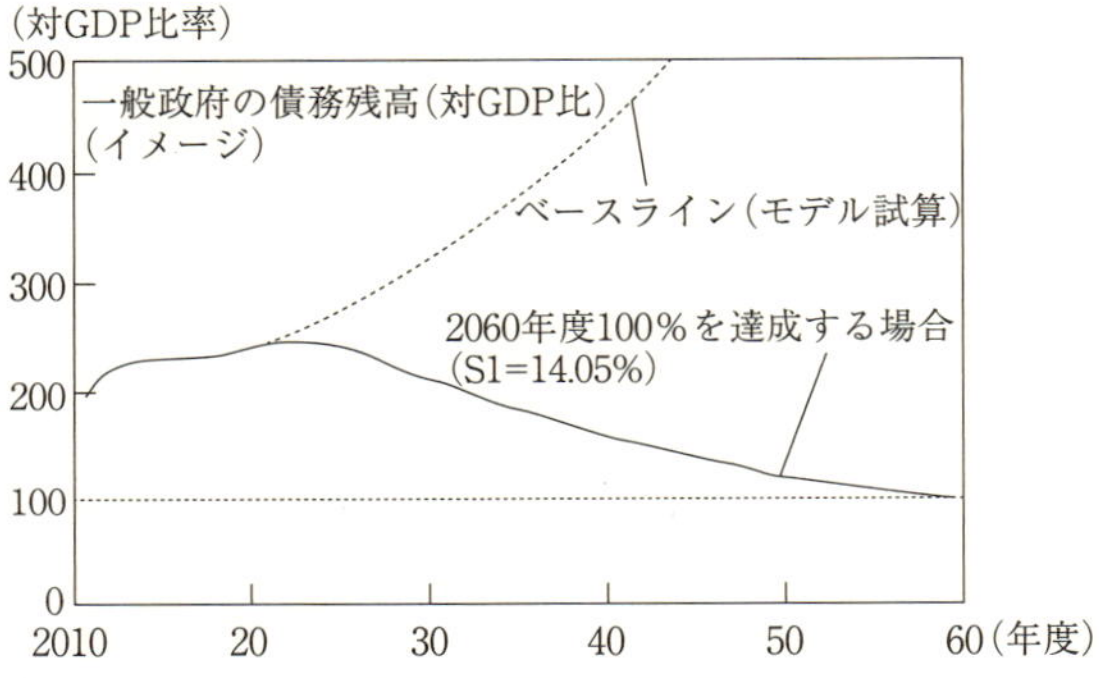

図１　財政に関する政府の長期推計

ンの債務残高比率は、無限大に向かって発散していくことが一目瞭然である。これに対して、図の実線は、二〇六〇年に債務残高をＧＤＰの一〇〇％に抑え込むように財政収支を改善したときの債務残高の推移である。この場合、図中のＳ１＝一四・〇五が、財政収支の改善幅をＧＤＰに対する比率で示したものである。つまり、実線は、毎年の財政収支を一四・〇五％改善した場合の債務残高の推移である。

　ＧＤＰの一四・〇五％とは約七〇兆円である。財政収支を約七〇兆円改善することは消費税率を約三〇％分も引き上げることに相当する。なぜなら、消費税率を一％引き上げると税収が約二・五兆円増えるとされているからである。つまり、実線が示す債務の減少を実現するためには、約七〇兆円分の財政収支改善（消費税率に換算すると約三〇％分の増税に相当）を実現しなければならないのである。

　この試算の結果をまとめると、このまま財政改革をなにもしなければ債務残高はいまから約三〇年後には、五〇〇％、六〇〇％というあり得ないレベルに到達し、そのまま無限大に向けて発散するということである。現実には債務比率が五〇〇％になることはあり得ない。なぜなら、三〇〇％を超えたあたりで国債発行残高の金額が、日本国民が保有する金融資産の総額を超えてしまうからである。そうなれば、日本人が金融資産をすべて国債に変えても、国債が市場で余ってしまうので、海外の投資家に買ってもらうしかなくなる。しかし、日本政府が財政再建を進めないときに、海外投資家が日本の国債を信用して買い続けることはない。したがって、債務比率が五〇〇％になるまで国債が売れ続けるということはないのである。そこに至る前に、なんらかのかたちで財政破綻が起きる、ということをこの試算は物語っている。（もちろん日本人の貯蓄が増え続ければ、もうしばらくは、日本人が日本国債を買い支え続けることはできる。しかし、無限に貯蓄を増やそうとする人はいないから、貯蓄の増加には限界があり、国債が増え続ければいずれは国債を日本人のお金だけでは買い支えられなくなる。）

日本財政の「不都合な真実」

中立的な学術研究の例として、二人のアメリカ人経済学者の試算を紹介したい。UCLA（カリフォルニア大学ロサンゼルス校）のゲイリー・ハンセン教授と南カリフォルニア大学のセラハティン・イムロホログル教授の研究である。かれらは有名なマクロ経済学者だが、もともと日本経済に詳しいわけではなかった。しかし近年の日本の財政状況があまりにも特異であることに関心を示し、日本の財政の将来予測を行なったのである。

彼らの目標は日本の公的債務比率を、一〇〇年後にGDP比六〇％のレベルに収束させることで

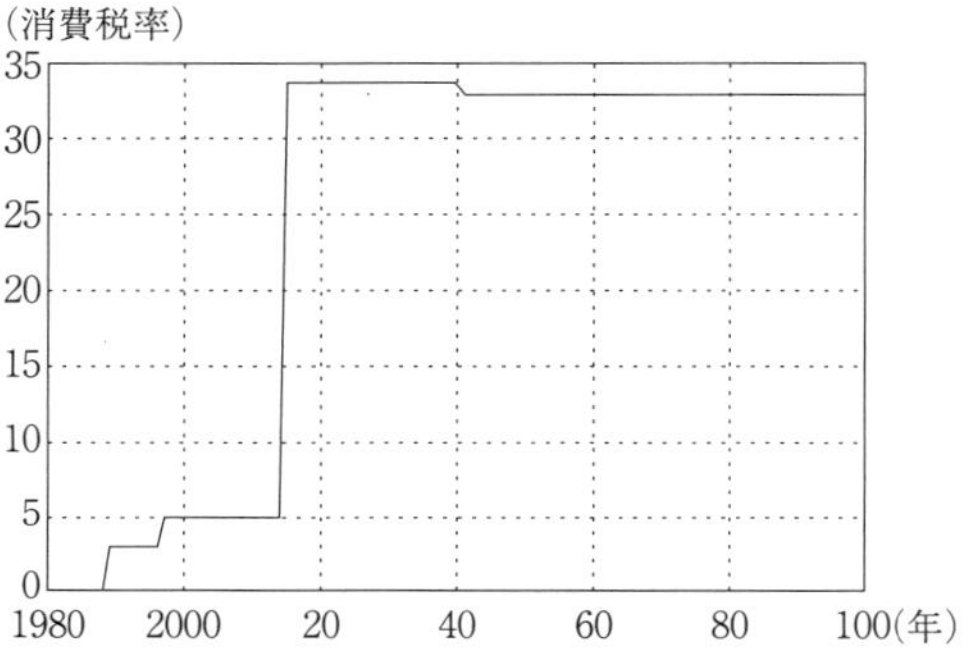

図2　ハンセン・イムロホログルの消費増税プラン

ある。消費税の増税だけでこの目標を達成するためには消費税率を何%にしなければならないか、を示したのが図2のグラフである（Hansen and Imrohoroglu 2012）。二〇一二年にハンセンとイムロホログルが計算したプランでは、当時五%だった消費税率は二〇一八年にいったん三四%程度に上げて、二〇四〇年以降は永久に三三%にすることになる。

消費税を三〇%近く増税するというプランは、前述の財務省の試算結果とほぼ同じである。日本にしがらみのない中立的な研究者が先入観を持たずに分析をした結果、やはり「消費税率を約三〇%上げる必要がある」という数字になった。同じような研究は、アトランタ連邦準備銀行のシニアエコノミストのリチャード・アントン・ブラウン氏の研究グループも行っており、彼らの試算でも「日本の財政を一〇〇年後に安定化させるためには消費税率を約三〇%上げる必要がある」という結論になっている。*

公開データを使って標準的なマクロ経済モデルのシミュレーションを科学的に行ったアメリカの経済学者も日本の財務省の研究者も同じ結論に達している。財政についての不都合な真実は、かならずしも悲観論者の誇張ではないと考えなくてはならない。

3　出口なしの危機——問題の本質

予想される未来

日本の経済と財政のデータから政治的配慮なしに計算すると、五〇年後、一〇〇年後まで財政の持続性を維持するためには、消費税の税率を三〇％以上に引き上げるか、それと同等の金額（約七〇兆円）の歳出削減をしなければならない……。

この研究結果をブラウン氏、ハンセン教授、イムロホログル教授から初めて聞かされたのは二〇一〇年ごろだが、私は「やはりそうなのか」と強い衝撃を受けた。私自身それまでは「予算の無駄を減らしたり、厳しく歳出削減をしたりして、消費税をもう少し増税すればなんとかなるのではなかろうか」と漠然と考えていたからだ。いまでも多くの読者はそう考えているのではないだろうか。しかし、ちょっと考えれば、そんなうまい話はない、ということは想像がつく。いますでに日本

＊これらのハンセンたちの研究とブラウンたちの研究は、改訂するたびに数字は悪化し、学術誌に公刊されたバージョンでは、消費税率を五〇％以上も引き上げることが必要だという数字になっている（Hansen and Imrohoroglu 2015, Braun and Joines 2016）。これは年を追うごとに、日本の潜在成長率が低下してきたためだと考えられる。

の経済規模（国内総生産）の二・四倍もの政府債務が積み上がっており、この債務比率は太平洋戦争直後の債務比率を超えている。そしてその債務が、年々、加速度的に増えていることは誰もが知っている。それが、永田町の常識でおさまる程度の微温的な政策で解決できるはずがないのだ。

このままいけばなにが起きるのだろうか。

いままで、経済で平穏な状態が続いていたのは、日本国債が堅調に市場で売買され、金利が低水準で安定していたからだ。国債が堅調に売れていた理由は、過去二〇年にわたって円高とデフレが定着していたためだ。円が年々高くなる状況では、海外資産や外貨建て資産に比べて、円建ての日本国債の方に投資魅力があった。また、いかに低金利であっても、デフレが続けば国債の価値は、一般の財・サービスに比べて、デフレの分だけ上がっていく。このように、円高・デフレの状況では、日本国債は十分に魅力的な投資対象だった。

しかし、これから先、日本経済がデフレから脱却して正常な姿になれば、その前提がくずれる。円安傾向とインフレ傾向が定着するからである。

インフレ・円安になっても日本銀行が低金利政策を続ければ、金利の低い日本国債よりも、為替面でも金利面でも海外資産の収益性が高くなってしまうため、国内外の多くの投資家が「日本国債を手放したい」と考える状態が慢性的に続くことになる。なんらかのきっかけで、一斉に大量の国債が売られることになるだろう。国債の投げ売りで国債価格が暴落すれば、金利が高騰する。たとえば来年一〇〇円で償還される国債の価格が今年九五円なら金利は約五％（＝（一〇〇円－九五円）÷九五円）だが、今年の価格が九〇円に下がれば金利は約一一％（＝（一〇〇円－九〇円）÷九〇円）に上昇する。

国債の金利は住宅ローン金利や企業の借入金利と連動するので、国債の金利が上がれば家計にとっても企業にとっても金利が上がって借金ができなくなり、不況になる。日銀は不況を防止したいので国債を買い支えて低金利を続けるしか選択肢はない。すると、インフレになっても、日銀は国債を無制限に買い続け、国債と引き換えにマネーを市場に放出し続けるしかなくなる。

インフレ率の上昇を止めるには日銀はマネーを市場から吸収しなければならないが、そのためには日銀が市場で国債を売る（市場のマネーを国債と交換する）ことが必要になり、国債の価格が暴落すること（すなわち金利の急騰）を放置しなければならない。逆に、不況を防止するために日銀が国債を買って低金利を維持しようとすると、マネーを大量に市場に放出せざるをえない。そうすると、日銀はインフレ率の上昇を止められなくなる。

つまり、経済が正常化してインフレが定着し、内外の投資家が国債を売りたいと考えるようになったときには、もしインフレを抑えようとすれば（日銀が国債を売るので）金利が高騰せざるをえなくなるし、逆に日銀が金利を抑えようとすれば、日銀は国債を買い続けるのでマネーが市場にあふれ、インフレがコントロールできなくなる。

要するに経済が正常化しはじめると、金利が高騰してきびしい不況になるか、または、インフレが高騰して止められなくなるか、のいずれかになるだろうということである。金利が高騰して不況になることは、日銀は避けようとするはずなので、おそらく日銀は後者を選ぶ。すなわち、インフレが上昇しても日銀は国債を買い入れ続け、インフレがさらに上昇するのを容認するはずだ。

こうして、経済が正常化してくれれば、（日銀が金利を抑え続けようとするため、）インフレが不安定に上昇し続けると思われるのである。インフレが不安定化したら最終的に経済がどうなるか、分からないことが多いが、非常におおまかな予想を立てることはできる。

カギは、「経済学的にはインフレは課税の一種である」ということである。インフレが起きると、現金や銀行預金の実質的な価値（購買力）が目減りし、その一方で、債務の実質的な負担は軽減される。つまり、経済学的には、インフレとは債権者から債務者への所得移転のことであり、家計（すなわち債権者）から政府と企業（すなわち債務者）への所得移転である。インフレとは、債権者の持つ資産が目減りするという意味で、正しく資産課税なのである。

政府債務が膨れ上がったときに、国会での政治的決定による増税と歳出削減を行うことができなければ、いずれインフレという課税が市場によって課せられる。インフレ課税には国会の議論や国民の同意はいらない。政治が財政再建を決められなければ「市場の暴力」による実質的な増税が起きるということである。そうなると、少なくとも政府債務が持続可能な状態になるまでインフレ率は上がる、と考えられる。

現在の政府債務は約一〇〇〇兆円である。長期的に持続可能な政府債務の水準は、理論的には定まらないが、経験的には、国内総生産（GDP）の六〇％だとされる（これはマーストリヒト条約で決められたEUの加盟基準である）。

日本の場合、GDPの六〇％とは約三〇〇兆円である。いま一〇〇〇兆円ある政府債務が、インフレによって実質的に三〇〇兆円の価値にまで目減りするためには、物価が三倍以上になることが必要だといえる（一〇〇〇兆円÷三〇〇兆円＝三・三三倍）。

インフレ時には国債金利も抑えきれず高騰する場合もあり、そうなると政府債務は金利負担のために膨らむ。すると政府債務の価値を現在の貨幣価値で三〇〇兆円の価値まで抑え込もうとすると、さらに物価が上昇しなければならなくなる。このようなインフレと債務膨張との「いたちごっこ」が始まればインフレは際限もなく続くかもしれない。

このような事態が起きれば、消費税を三〇％増税するのとは比べものにならないダメージを国民生活にもたらすだろう。経済は混乱し、企業倒産や失業が多発する。多くの国民の生活は立ちゆかなくなり、年金や医療や生活保護などの社会保障制度の制度改定もインフレのスピードに追いつかない。高齢者や弱者がそのしわ寄せを受けることになるだろう。二〇〇一年にアルゼンチンが財政破綻したときには、公的な医療制度が崩壊し、貧困層を中心に多くの人が適切な治療や投薬を受けられず、助かるはずの命が失われた。一九九一年のソビエト連邦崩壊で経済と社会保障制度が混乱したロシアでは、九〇年代半ばに国民の平均寿命が男性で約六年、女性で約三年も短くなった。インフレが日増しに進むような混乱状態になれば、同様のことが日本で起きないとはいいきれない。

財政の問題は、いまの私たちにとっては、生活と無縁な「数字」でしかない。いまは政府の借金がどれだけ増えても、日常生活になんの影響もないので、私たちは危機感を持てない。しかし、日本経済がデフレを脱却して正常化したとき（それは一〇年、二〇年先かもしれないが）に、高インフレを引き起こし、国民生活に大きな痛みをもたらす。解決するには消費税率を三〇％以上にするか、約七〇兆円の財政緊縮をしなければならない。政治的には「出口なし」であり、まさに世代を超えた「ライフボート・ジレンマ」である。

なぜここまで問題が放置されたのか

なぜ財政問題はこれほど大きくなるまで放置されたのか。ひとつの答えは、時間軸が非常に長い問題であることである。もしいま財政再建をすれば、そのコスト（増税や歳出削減による不況という痛み）は直ちに私たちに降りかかるが、そのベネフィット（健全な財政による安定した経済社会）は将来世代が享受する。コストを支払ったいまの私たちはそのベネフィットを受け取ることができない。

私たちが将来世代の利益よりも自分自身のいまの生活を優先する利己的な合理主義者であれば、「財政再建をできる限り先送りすること」が最適な選択となる。このような政治的判断（あるいはほとんど判断とも言えない無意識的な心の動き）を正当化するのが、「財政再建が世代を超えた超長期の問題であること」と私たちが持つ個人主義的自由主義（リベラル）の政治哲学の組み合わせなのである。

もちろん、リベラルな政治哲学を持った常識的な人々の多くは、将来世代に対する強い利他的感情を間違いなく持っている。私たちの多くは、子孫の生活を心配し、将来世代のためによい国を残そうと考える。しかし、時間軸が長くなりすぎると、その利他的感情がいまの私たちの行動を変える役に立たない、ということが問題なのである。原因（いま財政再建すること）と結果（将来世代の幸福）との間に数十年もの距離があると、その因果関係が私たちの政治的意思決定を縛ることはできなくなる。他人の赤ん坊が井戸に落ちそうになったらその瞬間はだれでも助けに行こうとする。しかし、その赤ん坊の将来の税負担を減らそうと考えて、私たちが今日の増税に賛成する、などということはないのである。

なんらかの強い拘束力を持つ思想がなければ、世代間の「ライフボート・ジレンマ」を解決する行動を私たちがみずから選ぶことはない。日本で、そして他の先進諸国でも、現在、支配的な政治哲学は個人主義的自由主義であるが、この政治哲学は私たちの自然な利他心を十分には補強してくれない。長い時間軸の前に無力なのである。そこに問題が悪化する大きな要因がある。

もうひとつ問題なのは、このような世代間の「ライフボート・ジレンマ」が、人類の歴史ではたいへん新しい政策課題だということである。新しいという意味は、社会保障制度が普及したのは、ほんの過去七〇年ほどのことであり、社会保障とそれを支える財政の持続性が疑問視されるようになったのは、人類史上で初めてのことだという意味である。また、財政危機そのものは歴史上かたちを変えて繰り返されてはきたが、それは各世代が必ず経験するような定期的な現象ではなく、ごくたまに運の悪い世代を襲うような、基本的に「一回限り」の出来事であった。時間軸が長くても、財政危機が定期的に起きる事象ならば、なんらかの社会的な黙契を形成することによって危機の解決策が世代を超えて受け継がれる。

しかし、社会保障制度の普及を主因とする政府債務の破綻危機は、史上初めての現象である。通常の合理性を持った人々が、通常のリベラルな政治哲学の下で、そのような危機に直面したときには、有効な解決策を打ち出せなくなる。それが現在の日本の財政問題の本質だといえる。

4　道徳論の復讐

先送りの経済的要因

これまでの過去数十年、経済政策に関して私たちは「利他心や道徳的な判断とは中立的な、技術的な問題として、市場経済を運営することができる」という暗黙の前提を持っていた。個人主義的自由主義（リベラル）の価値観が普及し、経済運営の分野では、道徳的な観点が政策判断に入る余地はない、ということがいわば常識だった。しかしこの常識は本当に正しいのだろうか。先進国の中で、日本だけが突出して悪化を続けている政府債務の問題を考えると、なにか道徳や政治哲学に根差した問題があるのではないかという疑問がわいてくる。

政治哲学や道徳ではなく、それ以外の要因（すなわち経済的、技術的な要因）が日本での著しい問題の先送りを引き起こしているのかもしれない。まずその点について整理しておきたい。

ひとつには、超低金利が二〇年も続いていることが財政への危機感が広がらない大きな要因と考えられる。金利がゼロに張り付いている国では、政府債務がどれだけ増えても国民の生活にはなにも影響はない。生活が変化しないのだから危機感が生じないことはもっともなことである。日本銀行は不況を緩和するために、名目金利をゼロ近傍に誘導する政策を四半世紀にわたって続けている（正式なゼロ金利政策は二〇〇〇年に開始されたが、それ以前から銀行預金の金利はほとんどゼロといってよい状態だった）。

通常、政府の債務が増えれば、金利が上昇し、国民の経済活動が圧迫されるので、財政再建への政治的なモメンタムが生まれる。たとえばアメリカではそのようなメカニズムが日本に比べればきれいにはたらいているといわれる（財政を健全化するにはまったく不十分であるが）。ところが日本ではバブル崩壊の後遺症を緩和するために長期間、名目金利をゼロにする政策（ゼロ金利政策、量的緩和政策、量的質的緩和政策など）を続けている。金利がゼロなら政府債務が増えても、国民生活にも企業の活動にもまったく影響が及ばない。政府債務の増加は、国民から見れば、自分の生活と無関係な、たんなる統計数字の変化にしか見えないのである。そのため、政府債務の増加に対する危機感が生じない。

では、なぜ、日本はかくも長い間、金利ゼロの政策を続けることができるのだろうか。端的にいえば、これまで数十年間の貿易黒字で稼いだ日本国民の資金を食いつぶしているということである。貿易黒字（正確には所得収支等を加えた経常収支黒字）があるため、日本国民の資金は増え、それが金利ゼロで政府の国債を購入してくれている。第2節で述べたように民間に貯蓄があるから、そのおカネで国が借金を増やせる状態だといえる。国債残高が民間貯蓄を超えたら、そのときは高金利を要求する海外投資家に頼らざるを得なくなるので、金利は上がる。そうなってようやく国民が危機感を持っても、財政を立て直して日本経済を安定化させるコストは、いまよりももっと巨大になっているはずである。

これが先送りの経済的要因の説明だが、このことがある種の「道徳論の復讐」をもたらしているのではないか、というのが次の論点である。

つまり、右に書いたような破局的な将来を多くの人々が正しく見通しているからこそ、いま現在の日本では力強い景気回復が起きないのではないだろうか。景気悪化を恐れて財政再建に踏み出せないことが、逆に現在の景気悪化をもたらしているのではないか。

道徳の否定が不況を招く逆説

私たち現在世代が負担を嫌って、自己犠牲的な改革を先送りすると、逆説的に、私たち自身に別のかたちでコストが降りかかる、ということが起きるのではないか。

財政問題が大きくなり続ける中、将来がどうなるか分からない不安と不確実性を、多くの国民が感じている。企業経営者は一〇年後の経営を展望するときに、否応なく財政悪化の結末を思わざるを得ないし、インフレによる債務調整が起きれば経営環境がとんでもなく不安定になることは明らかである。そのような企業は積極的な経営戦略に打って出ることはなく、設備投資も増やさないだろう。むしろいざというときに備えて、手元の流動資金を増やそうとする。消費者も、将来の財政不安（すなわち社会保障の持続性の不安やインフレ不安）があるので、いざというときや老後に備えて貯蓄を増やす。個人消費がなかなか増えず、景気が弱々しいのももっともなことである。こうした企業や消費者の行動の結果として、現時点において経済成長率が下がり、現在世代の我々が低成長というコストに直面することになる。財政再建を先送りすることで低成長というコストを我々が自ら招き寄せているのだ。

「増税すれば不況になる」「歳出カットすれば景気が悪化する」といって財政再建を先送りすると、逆に将来の財政についての不安が高まって長期不況を招き寄せることになる。これが現実に観測されることを、米国の経済学者カルメン・ラインハートとケネス・ロゴフたちが指摘している。いずれもハーバード大学教授であるラインハートとロゴフは、金融危機の実証研究を行っていることで有名である（『国家は破綻する』など）。彼らは、過去数百年の世界各地の金融危機や財政危機に関連する経済データを集めて、膨大なデータベースを作っている。そのデータベースを使って、おもに先進国における財政危機を調べたところ、政府債務が国内総生産（GDP）の九〇%を超えると、経済成長率が一・二%も低下するという結果が得られた。当初は、ラインハートとロゴフは「公的債務が増えると経済成長率がマイナスになる」と主張していたが、データ処理の間違いを指摘する研究者が出て、二〇一三年にはアメリカで大論争になった。データ処理の方法について間違いを正し、ラインハートとロゴフたちが研究結果の再検証を行ったところ、たしかに以前の結果は過大評価だったが、修正後、「公的債務比率が九〇%を超えると、成長率が一・二%落ちる」という数字になったのである。これは、日本の現在の低成長を考えると示唆的である。

財政再建を行えば、直ちに不況という目に見える痛みをもたらすが、それを避けようとすると、低成長といういままで気づかれなかったコストがもたらされる。低成長という長期的なコストを回避するためには、不況という目に見える痛みに耐えてでも財政再建に踏み出さなければならない。これがラインハートたちの研究から得られる日本に対する教訓である。ただ、このような議論は、学術的に確立した定説だとまではいえないので、なかなか世の中で広がらないのが現状である。

日本で、いまあえて、財政再建に踏み出すとしたら、それを正当化する理屈は道徳的な正義しかない。つまり「返せない借金を続けることは道徳的に悪であるから、道徳的に正しい行為をする（借金を返済する）べきだ」ということである。

しかしこれまでの一〇〇年近くの間、ケインズ経済学をはじめさまざまな経済学的議論がこういう単純明快な道徳論を否定するために動員されてきた。そして経済政策の常識として、「不況なのだから（政府が景気対策をして）政府の借金が増えるのは当然だ」という常識が出来上がった。このようなケインズ経済学の常識は、政府の借金の残高が小さいときは成り立ったといえるが、いまではケインズ経済学でも到底正当化できない巨額の政府債務が蓄積し、財政の漂流は続いている。経済の低迷はその結果でもあるのではないか。ケインズ経済学を正しいとする見地から道徳論を非合理的だと否定した結果、長期的な経済低迷という現実のコストを我々はこうむっているのかもしれない。あるエコノミストは、「政府が『短期楽観』を強調すればするほど、民間が『長期悲観』に傾いてしまうというのは、アベノミクスの根本的矛盾」と述べている（吉崎達彦『溜池通信』五七五号）。国家債務によるこの長期悲観が、足元の景気を冷やしているのだ。

教科書のケインズ経済学は、いまの日本のような借金大国には適用できないが、一方で、ケインズ経済学に代わるめぼしい処方箋もない。経済政策は技術的な問題、と考える限り、処方箋ははっきりしない。むしろ道徳的基準で政策を判断し、早く財政再建に手を付けていた方が、企業家のアニマルスピリットを復活させることができたかもしれない。

不良債権処理の教訓

日本の経済史において、道徳を無視した結果、手痛いしっぺ返しを受けた最大の事例は、一九九〇年代から約一五年もかかった不良債権処理である。

バブル崩壊後に処理された不良債権は総額一〇〇兆円におよぶ。前述のロゴフとラインハートの研究によると、バブル崩壊後の不況は通常の不況の二倍程度の期間続くとされる。つまり、約四年から八年程度の不況がバブル崩壊後に起きると考えられるわけである。ところが、日本の不況と不良債権処理はそれよりはるかに長く二〇年近くも続いた。その理由のひとつは当時の政策的な判断である。「返済される見込みのない不良債権は、きちんと損失処理しなければならない」という商業道徳の基本に背くことは分かっていながら、行政も金融界も、問題処理を先延ばしし、なんとか景気が回復するのを待とうとした。

「まず経済成長を実現してから、その後で不良債権処理をするべきだ」という最近もどこかで聞いたようなスローガンが叫ばれ、金融緩和と財政政策（公共事業や減税や、郵貯や公的年金による株式の買い支えなど）が繰り返し実施された。バブル崩壊の直後は二年もすれば景気が回復し不動産価格は上昇すると誰もが期待したが、不動産価格はその後二〇年間も下がり続けた。日本の銀行システムにどれだけ不良債権がたまっているのか、という数字すら正確には分からず、金融当局も銀行界も積極的に情報を開示しようとしなかった。

いまでこそ「バブル後の長期不況の最大の原因の一つは不良債権問題だった」という見方が通説だが、当時はまったくそうではなかった。「景気が回復すれば、地価が上がれば、不良債権は優良債権になる」という希望的観測のもとで、不良債権処理は先送りされ、景気刺激のための財政金融政策が大々的に採用された。「不良債権は不況の結果であって、原因ではない」という主張も説得力を持っているように聞こえた。たしかに、景気が回復すれば、不良債権問題は消えたかもしれない。当時の経済学の教科書には、「不良債権の蓄積が、さらなる不況の長期化をもたらす」とは書いていなかった。現在でも、なぜ不良債権が増えると長期不況が起きるのかについてはいくつも経済学説はあるが明確にはコンセンサスはない。このテーマはいまも経済学者の研究課題であり続けている。

だから、先送り政策を採用したことは、「技術的」には間違いだったとはいえない。しかし、確実にいえることは、先送り政策は「道徳的」には間違っていた、ということである。一九八〇年代の商法や商業道徳を誠実に厳格に適用して考えたら、不良債権処理を先送りすることは法の精神に反する行為であり、商業道徳に悖《もと》る行為であった。もし正義の観点から一九九〇年代初めに不良債権処理が厳格に実行されていたら、問題は二〇年も続くことはなかっただろう。

いまも、我々は国家債務という、不良債権問題を凌ぐ難題に直面している。「道徳を軽視して手痛いしっぺ返しを受ける」という九〇年代の経験を、性懲りもなく繰り返すことにならないか。私たちはいま真剣に考えるべきである。

第二章　正義論をめぐる問題

環境や財政などの世代間の問題（ライフボート・ジレンマ）は、現在世代がコストを支払うと、将来世代がリターンを得る、という構造の政策課題である。現在世代はコストを支払うだけで利益を得ることはできない。これは、現在世代が貯蓄を行って、そのリターンを将来世代が得る、という意味で、世代間の貯蓄問題と解釈することができる。

現代の民主政の社会におけるリベラルな政治哲学の代表として、ロールズの「正義論」の枠組みがある。ロールズの政治哲学においては、世代間の貯蓄問題について「公正な貯蓄」が格差原理によって決定される。すなわち、公正な貯蓄とは、もっとも不運な世代の効用が（他の貯蓄ルールを採用した場合に比べて）もっとも大きくなるような貯蓄ルールである。日本の財政問題についていえば、財政再建を行って持続的な財政運営を行うことが、世代間の「公正な貯蓄」である。しかし、ロールズの政治哲学が想定する市民は、みな利己的な合理的人間である。彼らは、なにが「公正な貯蓄」かについては事前に合意はできるが、いざ自分の世代が「公正な貯蓄」を後世に遺すかという段階になると、なるべく自分の世代の取り分を大きくしようとして、将来世代になにも遺さないという選択をする。事前に「公正な貯蓄」ルールに皆が合意しても、事後にそのルールを誰も守らない、という意味で、ロールズの「公正な貯蓄」は時間不整合なのである。

人々が、将来世代に対して強い利他性を持っていたら、公正な貯蓄は実行されるだろうが、現実には世代間の利他性は強くない（だからこそ我々は環境問題や財政問題に苦しんでいる）。ロールズの政治哲学は、利己的な人間から成る社会で「公正な貯蓄」を実現する手立てを持たないという意味で世代間の問題に無力である。

なお、ロールズの格差原理から、公的年金について興味深い結論が得られる。将来の人口減少が予想される社会では、賦課方式（若年世代から老年世代への仕送り型）の公的年金は、ロールズの格差原理で考えると、もっとも不運な世代の効用を改善しないことが分かる。ロールズの基準では、人口減少が予想されるなら、そもそも賦課方式の公的年金は導入すべきではないということになる。

1　時間と正義論

世代を超えた時間軸

日本や他の先進国における政府債務累増の問題が持つ特徴は、「世代間のライフボート・ジレンマ」だということである。つまり、ある世代が自己犠牲的に財政再建というコストを支払えば、将来の多くの世代の生活が改善する。

世代間の問題は、財政問題だけではなく、地球環境問題や原発の管理など多岐にわたるが、そうした問題をどのようにしたら公正に判断できるか、という問いについて答えは見つかっていない。鈴村興太郎・早稲田大学名誉教授は、世代間の問題は経済学の枠組み（パラダイム）で扱えない難しさがあると次のように述べている。

現在世代の資源の一部を犠牲にして、遠い将来世代の福祉のために地球環境を改善する努力をしても、われわれが将来世代から見返りを受けることは何もありません。現在世代とはるか将来の世代の間には、経済学の標準的なパラダイムである交換はあり得ないのです。それだけに、将来世代は現代世代の犠牲にただ乗りしているではないかという不満が募って、将来の世代を現在の世代と衡平に処遇する義務の根拠が、雲散霧消する可能性があることになります。（『経済セミ

ナー』二〇一五年一〇・一一月号）

まだ生まれてきていない将来世代の利益を現時点で代表するアクターの候補としては、たとえば「国家」があるかもしれない。「国家への忠誠」とか「（国家のために自己犠牲的な献身を進んで行う）徳」が共有されていれば、現在世代の人々は結果として次世代の人々の利益になるような行動を（国家に対する貢献と認識して）みずから進んで実行するだろうからである。そうなれば次世代と現在世代の間にある「世代間のライフボート・ジレンマ」はたしかに解決が容易になる。しかし、国家の概念は二〇世紀の戦争の歴史と結びつきすぎている。「国家＝次世代」という認識がいま広く認められているとは言い難いかもしれない。国家の話に行く前に、まず、現代の先進諸国で大多数の人々が有するリベラルな思想（個人主義的自由主義）の体系で、世代間の問題にどこまで迫れるのかを考えてみたい。

現代のリベラルな政治思想の基準点といえるのがジョン・ロールズの『正義論』（一九七一年）である。ロック、ルソーらの社会契約の伝統的理論の抽象度を高め、一般化することによって、ロールズは、米英の社会思想として支配的だった「功利主義」を代替する「公正としての正義」の議論を展開した。ロールズの議論は、功利主義に比べて、低所得層などの弱者の利益を擁護する思想となっているので、一九七〇年代以降の先進諸国における福祉国家路線の理論的バックボーンとして機能することになった。

これから論じたいのは次のことである。

まずロールズの正義論の枠組み（パラダイム）をレビューし、「時間」の扱いに問題があることを指摘する。その問題を修正するためにロールズの正義論の枠組みに「時間整合性」の概念を加える。時間整合性のもとでは正義にかなった世代間の所得移転は実行できないことを示す。さらに、世代間の「仕送り」型の公的年金制度は、ロールズの格差原理から考えると、正義にかなっていないと結論づけられることを指摘する。

なお、ロールズの正義論が時間の問題を扱ううえで難があることは、ケネス・アローなどの経済学者が指摘し、七〇年代から八〇年代にかけて活発に研究されていた。それらの先行研究は一般的、抽象的な議論だが、本書では社会保障制度や財政という具体的な問題に論点をできるだけ絞る。

ロールズ『正義論』の構造

ロールズの『正義論』は、社会契約論の現代化という体裁をとりつつ、リベラルな政治思想を政治哲学として基礎づけようとする書である。ロールズは米英で伝統的に主流を占めていた「功利主義」に代えて、もっとすぐれた政治思想として「公正としての正義」という考え方を提起する。ロールズによれば、功利主義は各人の効用を集計した社会全体での総計（すなわち社会厚生）を最大にすることを目的としている。そのため、社会厚生を大きくするために、一部の人々が犠牲になるような社会制度が肯定されてしまう。つまり、一人ひとりの人間には、「最低限これ以上は譲れない」という不可侵の尊厳や権利があるということが、功利主義の直接の帰結としては出てこないのである。社会契約として合意される正義の構想（正義にかなった社会構造）は、各個人に不可侵の尊厳と権利を認めるものでなければならない、とロールズは考え、そのような合意はどのような手続きを経て生まれるのかを考察した。

その手続きが「無知のヴェール」で包まれた原初状態での合意という社会契約の合意手続きであり、その合意内容が「公正としての正義」の構想である。

合意内容の重要なポイントが格差原理である。格差原理とは、社会の中で正義にかなった格差とはどのようなものかを指示する原理である。それは「社会的な格差は、もっとも不遇な人（自然的才能、生まれ落ちた社会的階層、運などの要素がもっとも悪い人）の暮らし向きをもっとも高くする限りにおいて容認される」と言い表すことができる。これは社会の中で、効用がもっとも小さい人（つまり、効用が最小の人）に着目し、その人の効用がもっとも大きくなるように格差の分布が編成されるべきだ、ということを意味している。効用が最小（min）となる人の効用を最大化（max）するので、格差原理はマキシ‐ミン・ルール（maxi-min rule）とも呼ばれる。

ロールズの理論と功利主義が大きく異なる点は、この格差原理の存在である。ロールズは、格差原理が社会契約として合意されるための手続きとして「無知のヴェール」を考案した。社会の基本構造を決める社会契約は、歴史の始源である原初状態において、社会のすべての成員によって合意される。ロールズの想定は、社会の歴史が始まる前の原初状態において、各個人は「自分がこの社会にどのような境遇で生まれることになるか、知ることができない」という無知の状態に置かれる。原初状態では、個人は自分の個別的な境遇（健康状態、才能、生まれたときの社会階層など）を知らないので、個人は「無知のヴェール」に覆われている、と表現する。

無知のヴェールに覆われた状態で社会契約に合意しようとするとき、人は自分が最悪の境遇に生まれる可能性を考慮するので、格差原理を正義に適った社会契約として合意するのである。ロールズが問題視した伝統的な功利主義では、個人間の富や所得の格差を縮小する政策を正当化できないが、格差原理を充たす「公正としての正義」は、格差を適度に縮小することを正当化するので、現代社会の社会保障制度を支持する強力な思想的バックボーンとみなされることになった。

ロールズにおける難点

ロールズの『正義論』は、現代のリベラリズム（個人主義的自由主義）を基礎づける政治哲学である。しかし、『正義論』のロジックにはいくつかの問題がある。

第一の問題点は、正義に適った社会の「原理」が、原初状態において一回限りの選択として選ばれることである。たしかに平等な自由の原理、機会均等の原理、格差原理というように社会構造の基本「原理」を定めるだけならば、歴史が開始する前に、一回限りの決定で決めることが相応しいと考えられよう。しかし、原理を実現するためには社会制度を決める必要がある。社会の原理の決定が必然的に社会制度の決定を伴うならば、時間の経過によって制度がどのような影響を受けるかが問題となる。

たとえば、次節以降で詳しく考察するように、異なる世代の間での格差には時間の経過が関係している。歴史が始まる前に決めた社会制度が、時間の経過とともに変化していくことを考慮に入れれば、一九七〇年代以降の先進世界の福祉国家路線が、ロールズの社会契約によって正当化されるかどうかは心許ないのである。

ロールズの第二の問題点は、社会契約を合意するにあたって、各個人は他者に対して自己が働きかけることについて関心を有していないと想定されている点である。つまり、ロールズの社会では、各個人の関心の対象はもっぱら財貨の配分や自己の社会的地位の位置づけである。個人が他者に対する利害関心（嫉み、愛着、厚意、世代間の利他性など）を有しているかもしれない点はロールズも否定しないが、そのことは正義の構想を合意するうえでは二義的なものに過ぎない、という。

また、ライフボート・ジレンマのような状況において個人が他者のために自発的に自己犠牲的行為を行うことも、ロールズは否定してはいない。しかし、ロールズは自己犠牲も正義の基礎になり得ない「例外事象」として正義論の考察の埒外に置いているのである。

ロールズの人間観は、標準的な経済学者の人間観ときわめて近い。他の人間への利害関心は基本的に持たず、他者から独立した自分自身の目的のために財貨や資源を最大限に有効に利用しようとする、そのような人間が社会を構成しているとイメージしているのである。

ロールズはあくまで各個人の人生の目的（その人にとっての「善の構想」）は他者と無関係に決まっていると考える。各人の目的は、基本的に互いに無関係だが、資源の稀少性によって、資源の取り合いというかたちで、お互いが衝突するため、その衝突を調停する「正義の構想」が必要になる、という人間観なのである。つまり、各人にとっての善（人生の目的）と、正義（人と人との対立を調停するルール）は独立している、とロールズは想定する。

一方、ロールズ批判で脚光を浴びたマイケル・サンデルなどのコミュニタリアンは、他者に働きかけることこそが、各個人の人生の目的の非常に大きな構成要素だという想定に立っている。つまり善と正義は独立ではありえない、というのである。ここに人間観の大きな違いが存在する。

2　「世代間の正義」

正義論における世代間の分配

ロールズの『正義論』の政治哲学では、弱者を救済する社会保障制度を創設することは格差原理によって正当化される。具体的な制度のかたちについてロールズは詳細には触れていないが、基本形は『正義論』第五章（分配的正義の後ろ盾となる諸制度）で記述されている。格差原理を実現する制度として、政府に〈分配部門〉を創設し、「いくつかの相続税と贈与税を課し、遺産・遺贈の権利に制限を設ける」。また、「正義が要求する水準まで歳入を増やすための課税の枠組み」を作る。「格差原理を充たすために必要な移転支出（無償給付）が可能となるように、社会的資源を政府に引き渡さなければならない」からである。

同世代内の格差是正は、このように政府が税収を分配することで実現する。これに対し、世代間の配分は、「貯蓄」による（ロールズは貯蓄と呼んでいるが、遺産という方が適切かもしれない）。ロールズは、世代間の貯蓄について、「公正な貯蓄原理」のあり方を考察している。世代間の貯蓄には民間の貯蓄も政府の貯蓄も含まれているので、政府債務（すなわちマイナスの政府貯蓄）の世代を超えた蓄積という問題は、世代間貯蓄というテーマに包摂されている。

ロールズは世代を超えた「公正な貯蓄スケジュール」が原初状態で合意される、と述べている。公正な貯蓄のスケジュール（各世代が、次の世代にどれほどの貯蓄を残すべきか、というスケジュール表）が、原初状態において合意され、そのあとで歴史が開始される。歴史が開始されると、各人がそれぞれどの世代に生まれるかが判明し、各世代は原初状態に合意した貯蓄スケジュールを遵守して、次の世代に貯蓄を残す。*

しかしロールズのこの議論には問題がある。それは正義論の発表後まもなくから、多くの経済学者が指摘していることである。

ロールズは、自分がどの世代に生まれるか分からないという「無知のヴェール」に包まれた原初状態においては、公正な貯蓄スケジュールに合意することができるという。それは次のような思考のプロセスによって決まる。各人が「自分は先行世代からどれだけのものを受け取る権利資格があるか」を自問し、それと比較するかたちで「自分は後続世代にどれだけのものを残すべきか」を決定する。自分がどの世代に生まれるか分からないまま貯蓄のスケジュールは決まるので、原初状態での合意は、すべての世代にとって正義にかなったものとなる。この原初状態での合意ののちに、歴史が開始される。各世代は歴史が始まってから、原初状態での合意に従って次の世代のための貯蓄を行っていく。これがロールズによる世代間の正義が実現する筋道である。

時間をめぐるロールズの困難

しかし、ロールズのこの議論には、暗黙の前提として、「原初状態で合意された制度を、歴史が始まった後に変更することは、（技術的にまたは制度的に）著しく困難である」という仮定があると思われる。この仮定は、ある一時点の世代内における格差是正

＊ロールズの原初状態に集う人々は同一の世代に属している、とされる。彼らがどの時代に生まれ落ちるか（二〇世紀前半か、二一世紀前半か、など）という情報が、無知のヴェールによって隠されているのである。あくまで同時に存在している同世代の人々が無知のヴェールに覆われた状態で議論し、社会契約を結ぶ、というのがロールズのフレームワークである。しかし、原初状態では、自分たちが生まれる時代を知らないまま世代間の貯蓄の量についても合意するので、その問題を考える際には、異なる世代の人々が原初状態で一同に会して話し合いをする、と想定しても正義論の議論の筋道にほとんど影響はないと考えられる。

の制度については妥当な仮定であるが、「世代間」の問題に適用しようとするとその妥当性はおおいに疑わしくなる。

同一世代内の問題ではこの仮定が妥当であることは次の例を考えると分かる。同一世代内の格差縮小のために、「生活保護」制度の創設に原初状態で合意したとしよう。歴史が始まって各人の貧富の格差が判明したのちに、もしも、富裕層が簡単に制度を変えられるとしたら、生活保護は富裕層によって廃止されてしまうだろう。そうなれば原初状態の合意は遵守されない。生活保護の創設という原初状態での合意が覆されない理由は、この場合、「多数決」という政治ルールも原初状態で合意され、その結果、歴史が始まってからも、富裕層が勝手に制度を変えられなくなっているからである。

多数決ルールなどの適切な政治的意思決定方法とセットで格差原理を充たす社会保障制度を導入すれば、歴史が始まっても、合意は覆されないはずだ。ロールズが暗黙に想定するこのような仮定は、同世代の中での格差の是正については妥当なものと思われる。富裕層が格差是正の合意を覆そうとしても、そのためには、多数決という政治ルールを覆す（すなわち民主国家の基本を変える政変を起こす）必要がある。そこまでするのは、富裕層にとってもあまりにもコストが大きすぎるのである。これが、歴史が始まったあとに合意を変更するのは「技術的にまたは制度的に」困難であるといった意味である。

また、同一世代内の制度について、ある個人がその制度に違反した場合（たとえば、生活保護を維持するための税金の支払いを拒否した場合）、その個人にペナルティを与えることは容易である。原初状態での合意に違反する者に対して容易にペナルティを与えられる、ということも、ロールズの正義の構想を実現するための暗黙の前提になっている。もし違反者にペナルティを与えることができなければ、当然ながら、どのような社会制度であっても維持することは難しい。

世代間の問題における「時間整合性」

ロールズの議論では、「一度、正義の構想が原初状態で合意されて、社会の歴史が進行し始めたあとに、その合意が覆されたり、作り変えられたりすることはない」、そして、「原初状態での合意への違反者に対して、ペナルティを与えることが容易である」という暗黙の想定がおかれている。これらは同世代内の格差是正については妥当な想定だが、世代を超えた格差是正を考える際には、きわめて問題が大きい。

まず、世代を超えた貯蓄スケジュールに原初状態で合意できたとしても、歴史が始まってから、正当な政治プロセスによって、簡単に破棄することができてしまう。「正義にかなった世代間の貯蓄スケジュール」に原初状態で合意できたとしても、ある世代の人々が後続の世代のために貯蓄をしない、という選択をすることは簡単にできる。さらに、そのような選択を他の世代がどのようなかたちであれ罰することはできない。どんな政治的仕組みも、ある世代の意思決定に、他の世代（すでに死んでいるか、まだ生まれてきていない）が関与することはできない。たとえば政治システムとして「多数決ルール」が原初状態で合意されたとしても、ある世代において「後続世代のための貯蓄を減らす」ことが「多数決」で採択されたら、その決定を阻むものはなにもない。現実に、日本や先進諸国で政府債務が累増している事実は、我々が後続世代のための貯蓄を減らす（後続世代の負担を増やす）という選択をしていることを示している。

そして、現在の世代と将来世代（まだ生まれていない世代）が直接的に交渉することはあり得ないので、現在世代が「公正な貯蓄スケジュール」を覆しても、将来世代から罰せられることもあり得ない。つまり、世代間の貯蓄スケジュールについては、合意を覆すことが技術的にも制度的にも、十分に可能なのである。

同じことが個人レベルでもいえる。「後続世代のために貯蓄を残さず、自分の富をすべて自分のために使い切る」という選択をした個人がいたときに、次の世代がその個人にペナルティを課すことはできない。後続世代に公正な貯蓄を残さなかったことが判明するのはその個人が死んだあとだからである。

このようにロールズの合意は、（同じ世代内の制度を考えるうえでは適切だが）世代間の社会制度の継続という「時間」の流れの中では実現できない。原初状態で、世代間の公正な貯蓄スケジュールを合意して、時間を通じてその合意が実現されるためには、ロールズの想定に加えてなんらかの別の条件が成り立つことが必要である。それは、現代の経済学用語では「時間整合性（Time

Consistency）」とよばれるものである。経済学でいう「時間整合性」とは、「無知のヴェールが取り払われて歴史が進行しはじめたあとで、各世代は原初状態での合意を自由に変更できるような（技術的または制度的な）力を持っている。原初状態の合意は、それでもなお、各世代が自発的にそれを遵守したくなるようなものでなければならない」という条件である。同世代内の格差是正については、政治的なコストなどのために合意を覆すことはできなかった。また、合意に違反する個人は容易に罰せられた。しかし世代間の貯蓄スケジュールの合意という問題は、同世代内の問題とはまったく違う。ある世代に生まれたら、我々は将来世代に貯蓄を残さないこと（原初状態で合意した貯蓄スケジュールよりも少なく貯蓄すること）によって、将来世代を搾取するチャンスを持っている。そしてこの搾取のチャンスは、正当な政治的手続きを経ることによって十分に実行可能な選択肢なのである。さらに将来世代を搾取しても、現在世代の我々は、罰せられることもない。

このような環境では、もしも各世代が後続の世代に対して愛情や利他心を持っていないというロールズの仮定を採用するならば「時間整合性」を充たすような貯蓄スケジュールは、ただひとつしかないことが分かる。それは、自分たちの祖先がどのような貯蓄をしてきたかによらず、自分たちの世代ですべての資源を使い尽くすこと、すなわち、「後続の世代に何も残さない」ということである。この選択が自分たちの世代の利己的な利益を最大にすることは明らかだ。

つまり、時間整合性を条件に入れるだけで、世代間の公正な貯蓄スケジュールはまったく合意不可能になってしまう。世代間の貯蓄スケジュールについてのどのような合意が原初状態で成立しても、歴史が始まったあとで反故にされてしまうからである。

この難点は、一九七三年に経済学者ケネス・アローが問題提起していた点である。アローやその後の経済学者は、人間は将来世代に対する本能的な愛情（利他心）を持っていると仮定し、世代間の貯蓄が成り立つことを示した。世代間の正義を実現するためにはロールズの理性による合意だけでは足りず、感情（世代間の愛情）に頼らざるをえないのである。しかし、現代の個人主義的自由主義の下では、世代間の本能的な愛情に頼るだけでは、社会を健全なかたちで将来世代に引き継いでいけない。それが問題なのである。

3 「時間整合性」とリベラルな政治思想

世代間の分配の実現可能性

ロールズの原初状態では、世代間の公正な資源配分（貯蓄や債務）のルールを実現することは困難である。世代を超えた「時間」を通じる資源配分には、同世代内の資源配分とは異なる困難がある。同世代内の資源配分ルールであれば、一度決めたルールを短時間で変更することは難しく、違反者を罰することも可能である。ところが、世代間の資源配分は、経済学者が「時間整合性」と呼ぶ条件を充たす必要がある。それは、「各世代が（他の世代に干渉されずに）後世に残す資源配分を決められる力を持つにもかかわらず、原初状態で決めた資源配分ルールを自発的に守りたくなる」という条件である。この条件は、公正な社会制度の構想に対して時間が課す試練であるとも呼べる。無知のヴェールが取り去られ、歴史が始まったのちに、合意を覆せるような制度は、原初状態での合意になり得ない。

ロールズの想定に「時間整合性」を付け加えたうえで、原初状態で合意される社会制度が、正義にかなっており、かつ、実現可能な制度である。

ロールズの想定では、原初状態におかれた人間は、合理的かつ利己的であり、社会の中での自らの境遇や属性についての知識のみが欠落しているのであった（無知のヴェール）。ここに、新しく「時間整合性」を充たすことを条件に加えると、世代間の貯蓄スケジュールとしては「次世代に何も残さない」という構想のみが生き残る。原初状態でどのような世代間貯蓄スケジュールに合意しようとも、歴史が始まれば、我々（ある世代）は合意を覆し、後続の世代になにも残さない。なぜなら、次世代のために貯蓄しても、自分たちはなんの見返りも得られないからである。もちろんこの議論は、「人間は将来世代への愛情や義務感などの感情を持たない」という強い利己主義の仮定を置いている。

『正義論』におけるロールズの企ては、個人主義的な人間（合理的で利己的な個人）からなる社会で、弱者救済のような連帯が可能となるリベラルな正義の構想を提示することであった。たしかに同世代内の連帯は格差原理によって再現することができたが、「時間整合性」を条件に加えると、世代を超える時間軸での連帯（すなわち貯蓄による世代間の分配）は不可能だと分かるのである。

世代間の利他性と公正な貯蓄

ロールズは、あえて家族内の愛情や将来世代への利他心を正義の原理の基礎にしない、という選択をしていた。これは、家族や伝統的な村落共同体のような人間の紐帯が弱くなった現代社会における正義の理論を作るための戦略的な選択だったのだろう。現代の個人主義と自由主義の世の中で受け入れられる正義の理論を作るために、ロールズはあえて利他性などを排し、個人主義のうえに正義の思想を打ち立てようとした。

しかしその想定のままでは、世代間の分配的正義の原理を作り出すことはできない。ロールズの想定には、「時間整合性」を加えることが必要であり、これを加えると、世代間の貯蓄（遺産）はゼロになってしまう。個人主義的で利己主義的な人間からなる社会では、世代間の分配的正義は実現できないのである。

ロールズはこの問題を解決するために、個人は合理的であり利己的であるという想定から逸脱することを選択している。

世代間の貯蓄に合意し、その合意を実行するとき、個人は将来の子孫を含む自分の家系の長として考え行動する、というパターナリスティックな仮定を置くのである。このような仮定の下で、ロールズは時間整合性の問題を回避できると主張する。人は、自分の前の世代が残してくれた貯蓄を見て、それに見合った適切な額を将来世代のために遺そうとする。このような心の働きによって、世代間の格差原理をみたす「公正な貯蓄」は合意通りに各世代で実施される。しかし、利他性に依存した公正な貯蓄は、ロールズの本来の狙い（利己主義者からなる現代社会における、連帯の創出）から微妙にずれてしまっていることは指摘しておきたい。

また、本能的な利他性を人の心に仮定したことで、ロールズの議論は彼が否定したかった功利主義の議論に近づいているという点も指摘したい。

功利主義や功利主義に基づく現代の経済学では、世代間の問題を考える際に、人間の本能として将来世代への利他性を誰もが持っていると考える。世代間の利他性を前提にすると、世代間の貯蓄ルールは、現在世代の効用最大化の結果として作られる。功利主義の世界では、各世代の人々は、利己的に、自分の効用を最大化するように貯蓄量を決めるのだが、その「自分の効用」の中には自分の子孫の幸福への期待値も含まれている。したがって、将来世代に遺す貯蓄量はゼロではなく、幾分かの資源を将来世代のために遺すことを現在世代は決意する。この意思決定は自分の効用だけを最大化しているという意味で、まったく自己中心的なものだが、人間の本能の中に利他性が組み込まれているため、将来世代の利益を増進する貯蓄量が実現する。

この功利主義によって形成された貯蓄ルールは世代間の格差原理（もっとも不遇な世代の効用が最大になるように世代間の効用の格差は配置されるべきである）を必ずしも充たしているとは限らないが、

おおまかにはロールズの公正な貯蓄のルールに近いものだろう。ロールズが構想する「公正としての正義」と功利主義の境界線は、世代間の問題を考え始めると、急速にぼやけてしまうのである。

公的年金制度が持つ困難

ロールズの格差原理と世代間貯蓄に関して、もう一つ別の論点がある。それは世代間の仕送り型の社会保障制度（たとえば公的年金制度）は格差原理を充たさないかもしれないということである。

若い世代が高齢者に仕送りをするかたち（賦課方式という）の年金制度は、人口がある程度の率で増加しつづける社会では、すべての世代の所得を増やすことが知られている。つまり、人口増加社会では、公的年金を導入することは、全世代にとってよいことといえる。逆に、人口が減少する社会では、仕送り型の年金制度を導入すると、すべての世代の生涯所得が減ってしまうことが、以下で論じるように簡単に分かる。

日本のように、はじめは人口が増えていき、何世代かすると、人口が減って、最後は一定の人口で落ち着くという社会を考えてみよう。そのような国で、「仕送り型の年金制度を導入するか、しないか」をロールズの格差原理で判断してみよう。すると、次に示すように、「年金制度を導入するべきではない」という合意になるかもしれないのである。

公的年金を一度導入すると、人口が増え続けている時代は、各世代の生涯所得は上昇することになる。これは原理的には「ネズミ講」と同じである。人口が増える社会ではひとりの高齢者を複数の若者が支える構造なので、若者が支払う年金保険料は少なく、高齢者が受け取る年金の額は大きい。若い世代になるほど人口が増え続けるのであれば、すべての人について、支払った年金保険料より受け取る年金の方が大きくなる。まさにネズミ講と同じ原理である。

ところが、人口が減少し始めると、事態は逆になる。少数の若者が大勢の高齢者を支えるので、若者が支払う年金保険料は多額になり、高齢者が貰える年金は少なくなる。すると、一人ひとりの生涯所得は（年金制度がない場合に比べて）減ってしまうのである。

しかし、一度、年金制度を導入すると、人口が減り始めたからといって廃止することはできない。なぜなら、それまでの年金制度で保険料を払ってきた高齢者や中年の世代が年金廃止に反対するからである。高齢者は、自分が若いときに年金保険料を払っているので、もしいま年金制度が廃止されれば、保険料の払い損になる。この損失額は非常に大きいので、後続世代のためには年金制度を廃止した方がよいと分かっていても、やはり、年金制度の廃止には反対する。このことは、多少の「利他性」があったとしても変わらない。

つまり、一度、年金制度が導入されてしまうと、人口が減り続ける時代になっても制度を廃止することはできず、各世代は（年金制度がなかった場合よりも）苦しい生活を強いられるということになる。生活の苦しさは、人口の減少率が大きくなるほど厳しくなっていくのである。

では、このような年金制度をそもそも導入するべきかどうか、格差原理で考える。原初状態において、将来のすべての世代の生涯所得を比較しなければならないが、人口減少時代に生まれる世代は、（年金を導入しない場合に比べて）生涯所得が減少することは明らかである。格差原理では、「もっとも不遇な世代の暮らし向きが、年金を導入した場合と年金を導入しない場合で、どちらがよくなるか」という判断基準で年金導入の是非が決まる。年金以外のさまざまな要素も考慮したうえで、もしも、もっとも不遇な世代が人口減少率の大きくなる世代であるとするならば、彼らの生涯所得は年金制度がある場合の方がない場合に比べて明らかに悪化する。

したがって、ロールズの格差原理で考えると、「公的年金を導入しないこと」が正義にかなった構想として原初状態で合意されるはずなのである。つまり「公的年金制度」は、ロールズの基準では、世代間の正義の原理を充たさない制度として却下される。時間整合性は公的年金制度において充たされるが、格差原理が充たされないのである。

日本の公的年金制度の創設時には、戦災や戦後の混乱で老後の貯えができなかった高齢者を救うという重要な意義もあった。しかし、それは純粋に救貧対策として同時的な再配分で手当てするべきだったのであり、年金というかたちで将来世代まで拘束する制度にするべきではなかった。年金制度にロールズの格差原理を厳格に適用するとそのような結論になるかもしれない。

同じことが、高齢者向けの公的医療や介護保険など、若い世代から高齢世代への仕送りと考えられるすべての社会保障制度について当てはまる。ロールズの思考枠組みで考えると、人口減少社会では「世代間の仕送り」をともなう社会保障制度はそもそも正義に反することになりかねない。正義にかなう社会保障制度は世代間の仕送りが発生しないもの、すなわち、「自分で自分の老後資金を蓄える」という積立型のものに限られてしまうのである。

4　時間的な正義の感覚——株主資本主義の事例

理性による行動規範としての正義

前節までの議論をまとめると次のようになる。ロールズの正義論に「時間整合性」を入れると、利己的個人からなる社会では「次世代になにも残さないこと」が正義にかなった制度となってしまった。「子孫への愛情（利他性）」が強ければ、次世代に遺産を残すことが望ましいと分かるが、現実の人間にはそれほど強い利他性はない。さらに、若者から高齢者への「世代間の仕送り」型の社会保障を導入することの是非を原初状態で考えると、人口減少の可能性があるので、そのような仕組みはそもそも導入しないことが正義にかなうかもしれない、と分かった。これは、世代間の仕送り型社会保障制度が持つ「ネズミ講」的な性格が、人口減少社会では大きなネガティブな効果を持つからである。ロールズの正義の基準では、仕送り型の社会保障は導入しない方がよいが、すでに導入してしまったら、途中で制度を廃止するという意思決定は政治的に困難になり、社会保障改革は先送りされる。人口減少社会では、後続の世代ほど大きなコストを支払うことになる。

こうして、「現在世代が犠牲を払えば（すなわち、社会保障制度を仕送り方式から積立方式に変更する大改革を行えば）将来の幾世代もの人々が助かる」という状況が現出する。「世代間のライフボート・ジレンマ」である。しかし、現在世代のコストは大きすぎるので多少の利他性だけではそのような改革は実行できない。

ロールズの議論の枠組みでは、世代間の仕送り型の社会保障制度について、それが正義にかなうと論証することはできない。ロールズの議論の中での理性による論証の役割は、私の理解では、「これは正義にかなっている」という納得感、あるいは、「正義の感覚」を根拠づけることにあった。ある行動規範は、理性によって論証できるということをもって、納得感を得ることができる。その納得感が、行動規範を正当なものとして人々が受け入れる根拠となる。

しかし、世代間という長い時間軸での問題においては、理性による論証に堪える正義の構想は得られなかった。そうだとすれば、なにか別の根拠による「時間的な正義」の感覚を考える必要があるのではないか。「時間的な正義の感覚」が適切に共有できれば、世代間のライフボート・ジレンマを解決する行動を現在世代が選択することが可能になるかもしれない。

本節では、ややテーマが脱線するが現代の市場社会における「時間的な正義の感覚」の難しさを、「株主資本主義」を例にとって考えてみたい。

株主資本主義は、世代を超えた時間軸での社会の継承という本書のテーマとは直接結びつかないが、強い関連性はある。株主資本主義は長い時間軸において市場システムを維持し継承していくことにかかわっているのである。

市場社会における時間的な正義

株主資本主義とは、単純化していえば、「企業の所有者は株主である。したがって企業は株主の利益を最大化することを目的に事業を行うべきだ」という考え方である。株主主権とも呼ばれるこの考え方は、経済学の理論では企業のモデルとして受け入れられているが、一般社会では、日本に限らず欧米でも評判が悪い。市場で株を買って企業の株主となった投資家は、短期的な株価の上昇や配当の支払い増を狙い、企業を切り売りするというイメージが強い。ハゲタカ投資家という言葉がもともとアメリカ英語からきていることで分かる通り、こういう短期投資家は日本だけでなく米国でも忌み嫌われている。経済学では「株主が企業の所有者である」というが、その正当性について、なぜそうでなければならないのかという納得感のある説明が、一般社会に対してできていないのが現状だ。

一般社会では、「株主が目先の配当金の増額を要求する」という行為は、企業の長期的な発展を妨害する行為だと反発を受ける。株主の強い増配要求には、多くの場合、「正当性がない」と一般の人々は感じる。もし、経済学が想定するように、株主が企業の所有者であるならば、株主が自分の所有物である企業に対して配当増額を要求しても、それは所有者の勝手であり、正当な権利だ、ということになるはずだ。ところがそのような「株主主権」とか「株主資本主義」の考え方は、一般社会では広く受け入れられておらず、多くの人々は株主の要求は不当なものと感じるのである。

もちろん、そこにはもっともな理由がある。企業には経営者、従業員、さらに多くの顧客や取引先が関係している。それらの関係性の網の目の中で、企業は価値を生み出し成長していく。企業の一部を切り売りして株主への配当を増やすということは、このように数多いる関係者のネットワークを部分的に破壊し、多くの人に痛みを与え、企業の健全な成長と発展を妨害する不当な行為だと感じられて不思議はない。特に日本では、伝統的に「企業」=「経営者と従業員の家族的共同体」という意識が根強いため、株主から企業経営に介入があると、強い拒否反応が起きがちである。同じような感覚は、他の国々でも、大なり小なり、人々に共有されている。

また、株主すなわち投資家の側にもどこか後ろめたい意識がある。たしかに「株主権」は株主の私的な利益追求のために法律で保証された権利だ、という認識はあるだろう。しかし、株主権を行使して企業にさまざまな要求をすることが、衆人環視の場で公然と実行すべき正当な行為だという感覚は、すくなくとも日本の投資家の多くは持っていないのではないか。投資家の多くは、株主権を行使することが正義であるとは心底から信じることができない。投資家にとって、株主権は自分の私益を守るための武器であるが、それは必然的に他人(企業の従業員など)を搾取する後ろめたい道具という感覚なのである。

このように「株主資本主義」または「株主主権」という考え方は、多くの人に拒否感を持たれているが、ある観点から見ると、株主資本主義は市場システムにおける「時間的な正義」にかなっている。次に、そのことを見ていきたい。

市場の正義と時点の不一致

ある投資家から次のような言葉を聞いて目を開かされた。「株主は義務（の履行）と権利（の実現）の間に時点の不一致がある」という言葉である。株主の義務とは、企業がリスクの高い事業を始める際に、必要となる資金を出資すること（リスクマネーの供給）である。株主の権利の実現とは、企業の事業が成功し、その配当金を得ることである。企業の創業時にリスクマネーを供給してから、配当を得るまでに、数年、あるいは一〇～二〇年という長い時間がかかる。その間に、株式は市場で売買されるので株主も交代していく。株主の義務の履行と権利の実現の間に何年もの時間の間隔があるということが、株主を巡る「時点の不一致」である。

「時点の不一致」は、そのままにすると市場経済のシステムを崩壊させる脅威となる。なぜなら、株主にリスクマネーを出資してもらった後、何年もたって事業に成功したときに、企業は株主に対して「配当を支払いたい」という自然な欲求は持たないからだ。株主に創業資金を出資してもらっても、事業に成功すれば、企業の中の自分たち（経営陣と従業員、そして取引先などの関係者）で成功の果実を山分けしたいという欲望が大きくなる。株主への配当は、なるべく小さくしたいというのが人情なのである。したがって、自然な成り行きに任せるなら、株主はリスクマネーを出資するという義務を履行しても、数年後に十分な配当を得られる見込みは小さいということになる。つまり、（事後の株主権が強くない市場経済では）株主がリスクマネーを出資する行為は、まったく採算がとれない行為になってしまう。そうなれば、リスクマネーを出資する（すなわち株式を買う）人はだれもいなくなってしまうので、新しい事業を起こしたい企業家は資金が得られなくなり、市場経済システムそのものが、立ち行かなくなってしまうだろう。

つまり、株主を巡る「時点の不一致」の問題をそのまま放置すると、企業の設立に必要な資金を誰も出資しようとしなくなって、市場経済システムは長い目で見て維持できなくなるということなのである。

この「時点の不一致」問題を解決するのが、株主権に基づく株主の配当要求である。株主が企業に対して高い配当を要求し、実際に、高い配当を得ることは、「株式投資をすれば利益が得られる」という期待を醸成する。そのような期待が広がれば、次世代の人々も株を買おう（リスクマネーを出資しよう）という意欲を持つようになる。こうして新しい投資家が市場に参加するので、リスクマネーが企業家に供給され、市場経済システムが長期間にわたって維持されることになる。株主権の行使は、市場経済システムを維持するという公益を担っているといえるのである。

これは、一般の正義の感覚にはなかなか合致しないが、たしかに市場システムの性質についての真実である。

株主は、（主観的には）自分の私的な利益のために、企業に配当を要求し、配当を増やすための経営改革を迫る。しかしそのことが、実は公益に奉仕している。株主権の行使で配当が増えれば、株式投資という行為の採算性への期待が高まり、言い換えれば「資本市場への信認」が高まる。そして、そのことが将来のリスクマネー供給者を市場に呼び込むという公共的な役割を果たしているのである。「株主が（リスクマネーを提供した後に）自分の権利を主張する」ことが、そもそも公共的な行為なのである。

もちろん、すべての「もの言う株主」がこのような公共的な役割を果たすわけではない。短期志向で、企業価値を破壊するハゲタカ投資家は市場にとって害悪をもたらすだろう。しかし、企業の長期的な価値向上を目指す「もの言う株主」は、企業にものを言うことによって（市場の健全な発展という）公益にも奉仕しているといえる。

市場システムを維持するという目標から考えると、「株主資本主義」やその行動規範（株主が株主権を行使すること）は、時点の不一致という問題を解決する機能があるので、「時間的な正義」といってよいだろう。しかし、人間の感覚は、それを正義だとはなかなか認められない。株主資本主義は、「時間」そして「市場」という人間が苦手とする二つの要因が絡み合って、感覚的に受容しにくいものになっている。時間的な正義であるはずのものに、私たちは「正義の感覚」を感じられないのである。

第三章　市場と全体主義

世代間の問題を考えるうえで、法規範の成り立ちと、全体と個の問題は重要である。ある世代の利己的な行動を抑制できるのは法の支配によって醸成される規範意識であり、全体のために個が犠牲になる構造はライフボート・ジレンマの特徴だからである。

本章では、まずハイエクの法規範についての考え方と議会改革論を展望する。ハイエクは、法にはノモス（万人が従うべき一般的なルール）とテシス（政府による資源配分についての命令）の二種類があるといい、ノモスは国会議員といえども勝手に作ることはできない、と強調する。ノモスは経験や慣習から発見されなければならないものなので、ノモスを制定する議会は各世代の賢者を集めた賢人会議のようなものでなければならない。政治的な利益誘導がつきまとう現実の議会は、ノモスではなく、テシスのみを決めるという仕事に特化するべきである、というのがハイエクの議会改革論である。日本の国会に当てはめると、参議院をノモス制定議会とし、衆議院をテシス制定議会にするという改革案になる。

ノモスは人間によって発見されるが、それを定めるのは「市場」であるとハイエクはいう。この点で、ハイエクの思想は市場を神になぞらえる市場神学ともいうべき思想に漸近する。

アーレントは、自分が社会の中で無用の存在であると実感させられている人々（見捨てられた人々）が、全体主義の虚構のイデオロギーに救いを求め、そのイデオロギーの無謬性・論理一貫性・整合性を自分の全存在の基礎とすることを見出した。イデオロギーは無謬でなければならないから、イデオロギーから演繹される結論が自分の死や他人の死であっても、それを実行するように人は追い込まれる。演繹的論理の強制力から人間が逃れられるのは、「始まり（誕生）」を為すことによってであるとアーレントはいう。既存のイデオロギーを受け入れるのではなく、新しいものを自ら創始することによって、人は公的な活動に参加し、全体主義の強制力から自由になる。しかし、見捨てられた人々はどうしたら「始まり」を為すことができるのか。

ヨナスは「乳飲み子に対する責任」を強調することによって新しい世代間倫理を構想したが、無条件に世話することを要求する存在である乳飲み子に直面することによって、人は自分が必然的にその子に必要とされていることを知る。乳飲み子から必要とされる、という経験をすることによって、アーレントのいう「見捨てられた人々」は公的な活動に自ら参加する意欲を持てるようになる。現代の日本では、乳飲み子と同じ役割を高齢者が果たすのかもしれない。社会の中で孤立し、見捨てられた

――人々は、死にゆく高齢者と直面することで、人から必要とされることを経験し、社会に参加する意欲を再生できる。――

1　ハイエクの政治論

大きな社会における法

現在世代がコストをかけて財政再建と社会保障改革を行えば、将来の何世代もの子孫が利益を得る状況（ライフボート・ジレンマ）を解決するためには、我々の世代が、将来世代のことを考えずに勝手気ままに振る舞ってはならない。我々の世代の自由な行動は、なんらかの『法』規範によって制約されなければならない。そのような規範はどこから来るのか。また、そのような規範はどのような制度的枠組みがあれば維持できるのか。いま我々が持っている民主主義国家の政治システムでは、その規範を維持できるのだろうか。

これらのことを考えるためのヒントは、ハイエクの政治論にある。本節と次節では、民主主義についてのハイエクの考えを追うことで、こうした問題にアプローチしていきたい。

フリードリヒ・アウグスト・フォン・ハイエクは、自由市場経済を擁護する立場から、徹底した共産主義批判を繰り広げた経済思想家として有名である。ハイエクは、自由な社会を守るために民主主義の仕組みを改革すべきだ、という主張もしていた。晩年の著書『法と立法と自由』でハイエクが繰り返し強調することは、「民主主義において国権の最高機関とされる国会も、全能を与えられるべきではなく、『法』に制約されるべきだ」という主張である。立法機関である国会が『法』によって制約されるべきだという主張は、初めて聞くと自己矛盾した言明のように聞こえるが、ハイエクの中心思想を知れば納得することができる。

ハイエクはいわゆる新自由主義の元祖のように思われているので、個人も企業も市場で自由気ままに行動してよいと主張していたと思われるかもしれない。しかし、彼の思想の核心は、「大きな社会（お互いを知らない不特定多数の人々が取引をする市場経済システム）を健全に発展させるためには、あらゆる人（個人も企業も政府も）が同じルールを守るようにしなければならない」ということだった。すべての人が自由を享受するためには、すべての人の自由が、同じルールで、同じ程度に制約されなければばならない。この場合のルールとは、必ずしも制定法ではなく、もっと人間社会の本性に基づく『法』であり、それは「世の中の道理」のようなものである。このような「世の道理」ともいうべき『法』には、国会という集団の立法行為すらも制約されなければならない。ハイエクはそういっているのである。

ハイエクは、不特定多数の人間が行き交い、取引をする現代の「大きな社会」（市場経済システム）は、全員がお互いのことをよく知っている「小さな社会」（農村、部族社会などの共同体）とはまったく異なることを強調する。現代の我々はどれほどの知性やコンピュータの能力を結集しても、「大きな社会」においてどのように人間関係や経済取引のネットワークが形成されるか、それがどのような性質の秩序を形成するか、すべてを理解できるわけではない。あまりにも市場システムは複雑すぎて、一人ひとりの嗜好や取引関係を全部把握できる計画者は存在できないからだ。だからこそ、「大きな社会」の秩序を政府が計画経済で統制できるという共産主義の主張は、自分の無知を知らない傲慢な主張だとハイエクはいう。

こういうハイエクの見方に対しては、次のような反論をする人がいるかもしれない。スーパーコンピュータが進歩する遠い未来には、コンピュータが経済のすべてを把握しコントロールする計画経済が可能になるのではないか、と。進展しつつある「ビッグデータ」の利用がもっと進めば、コンピュータによる市場のコントロールも夢ではない、と思われるかもしれない。しかし、それらの想像はまったく間違いである。政府がコンピュータを使って市場のすべての情報を把握し、コントロールすることが不可能であることは、「民間企業も同じ性能のコンピュータを持って政府を出し抜こうとする」と想像すれば即座に分かる。政府のコンピュータが市場のすべてをコントロールするためには、民間企業の持つコンピュータすべての挙動を把握する必要がある。そのためには、政府のコンピュータは民間企業のコンピュータよりも格段に高い性能を持っている必要がある。しかし、市場経済では、民間企業は政府のコンピュータと少なくとも同じ性能のコンピュータを使って対抗するだろう。すると、政府のコンピュータが民間のコンピュータの情報を把握しようとしても、それは政府のコンピュータの能力を超えてしまう。それに対抗して政府がコンピュータの能力を増強すると、民間もそれに応じて能力増強し、政府のコンピュータと企業のコンピュータの間で能力増強のスパイラルが起きて、政府が市場システムのすべての情報を把握しコントロールすることはできなくなる。このことはコンピュータ技術がどこまで進歩しても同じだ。コンピュータなど重要技術を政府が完全に独占するのでない限り、政府による市場の完全なコントロールは不可能なのである。つまり、自由な市場で起きることを政府が計画経済で再現することも、それを政府がさらに改善するということも実現できない。したがって、人々や企業が自由な活動を求める世界では、どれほど技術が進歩しても、計画経済が自由市場よりも効率的な社会を作ることは原理的に不可能だと考えられる。

自生的な法規範

市場の秩序がどのようなものになるかを我々はあらかじめ知ることはできないが、生物の進化と同じ淘汰の原理によって市場秩序は形成されていく。大きな社会での『法』規範も、淘汰による進化の過程で、いわば盲目的に形成されるとハイエクは考える。『法』はだれか(独裁者であれ、国会であれ)が人為的に計画的に設計してできたものではなく、偶然に社会の進化のプロセスで生成される、とハイエクは繰り返し強調する。なんらかの環境変化に対応するため、人々は偶然にルールを作る。たとえば「人とすれ違う時には右側によける」というルールに、何か深い理由があるわけでもなく、理論的な根拠があるわけでもない。「たまたま、そうしてみた」という試行錯誤があったにすぎない。その試行錯誤のうち、結果が成功する場合と、失敗する場合があるが、成功したルールが人々に広まり、いつしか社会全体のルール（法規範）となっていく。ある人間集団Aの法規範Aと人間集団Bの法規範Bがあったときに、集団Aが集団Bよりも繁栄すると、結果として、法規範Aが普及し、法規範Bは廃れていく。こうした進化プロセスで法規範が広まっていくのであるから、あらかじめ法規範Aと法規範Bの優劣や、どちらの方がより一層正しいのか、ということが理論的に分かっていたわけではない。法規範AもBも、どちらも、合理的根拠のない試行錯誤で出来たルールであり、どちらも同じ程度に「迷信」であるといってよい。進化の結果、うまく行った法規範Aが普及したとしても、事前に法規範Aの方が優れていたかどうかは分かっていないし、もっと重要なことは、法規範Aが普及した事後になっても、その社会に住む人々は「なぜ法規範Aを守ると社会がうまく回るのか」という理由を合理的に説明できない、ということになる。

もちろん、法体系の内部において、個々の法律の相互の整合性などについては、法学上の理由付けはある。その意味で、事後的に法規範を説明する理屈はある。しかし、それは「法規範Aは日本の法体系で、このように位置付けられる」という理論にすぎない。仮に法規範Bが普及していたならば、「法規範Bは日本の法体系で、このように位置づけられる」という理論が作られたであろう。つまり、「なぜ、法規範Bでなく、法規範Aを我々は守らなければならないのか（なぜ法規範Aが普及したのか）」という疑問に対する明快な答えはない。我々が法規範を守るのは合理的に説明できる理由があるからではなく、ただ「これまでうまくいったから」守るのだ、というのがハイエクの答えである。

たとえば第二章第4節では、株主資本主義（もの言う株主）が市場経済のひとつの規範としてどのような意味があるのか、という問題を論じた。企業が株主にとっての価値を最大にするために活動するという規範は、当事者たちの多く（株主、企業経営者、従業員、企業の顧客……）は「正しいことだ」とは心底からは納得できない。しかし、この規範があればこそ、株式にリスクマネーを投資しようとする投資家が現れて、長期的に市場経済システムが継続できる。個々人の納得感を得る理屈は乏しくても「やってみたらうまくいく（市場システムが発展継続する）」から株主資本主義が普及したのだ。

我々の課題は、世代を超えてこの社会が持続できるかという問題である。世代間の利害が衝突するライフボート・ジレンマを解決するための法規範が普及するとしても、機能的には「やってみたらうまくいく」以上の理由はない。ではどうしたら、そういう法規範を発見できるのだろうか。ハイエクは、法規範の制定過程を適切に設定することによって、それが可能になるのではないか、と考えた。

立憲政治と主権の概念

次節で詳しく論じるハイエクの議会制度論では、「大きな社会」を長期的に維持発展させる『法』規範を作るのが立法府（議会）の役割とされる。しかし、議会は、たとえば多数派の専制によって何でも好きなように決めていいのではない。「大きな社会」の無言の要求に耳を澄まし、もっとも「うまくいきそうな」ルールを発見することが議会の行うべき立法行為なのである。議会をこのような業務に専念する組織になるように制約する政治システムをハイエクは立憲政治と呼んだ。ハイエクは、立憲政治において『主権』者は存在しない、と強調する。主権とはまったく何物にも制約されない全能の権限である。形式上、民主主義国家では、国民が主権者であり、国民の代表たる国会は国権の最高機関である。国会は、形式上はどのような法律でも多数決によって制定することができる（憲法改正も一種の多数決でできる）。しかし、ハイエクの立憲政治観においては、大きな社会がうまく回っていくために最も適した『法』（慣習やルール）を発見することが立法府の役割なのだから、立法府の行動は良識などの暗黙のルールによって制限されている。また、国民の大多数が賛成した法案が必ずしも『法』として認められるべきものとは限らない。「大きな社会」を健全に発展させるためには、国民の代表たる国会は、国民多数派の支持する法案をあえて否決する必要に迫られる場合すらあるかもしれない。このように考えれば、民主国家における国民でさえも主権者とはいえない、ということになる。

だからハイエクは、自由な国家に主権（者）は存在しない、と強調したのである。

2　ハイエクの議会改革論

ノモスとテシス

大きな社会（市場経済システム）を維持発展させるためにもっとも有効に機能する『法』規範は、事前に人智では設計できないが、議会での議論という一種の試行錯誤を通じて、発見されるしかない。それがハイエクの発想である。その試行錯誤をもっとも効果的に行うためには、議会制度の在り方を大きく変更する必要があるとハイエクは考えていた。

まず、我々が通常、『法律』と呼ぶものには、二種類の概念が混在している。ハイエクはそれらをノモスとテシスというギリシャ語の用語を作って区別した。現在の議会制度では、ノモスとテシスの区別は意識されず、それらを混同したまま『法律』が制定されるために、さまざまな弊害が生じるとハイエクは考えたのである。ではそれらの違いとはなにか。

不特定多数の人々が行きかう大きな社会の自生的秩序（コスモス）を作り出すための法規範（ノモス）は「何が正しいことであるか」を示すルールである。これはすべての人や企業が平等に従うべき一般的な行動ルールであるといえる。これらの行動ルールは、制定法として国会で定められているものもあるが、まだ明文化されていなくても人々が正義感覚として知っているような行動ルールもある。それらの行動ルールを全般的に指し示す言葉がノモスである。

一方、政府という人為的に作成された組織（タクシス）を動かすために、特定のヒト、モノ、カネを動かす個別的指令（テシス）を定める必要がある。このように組織を統治するための個別具体的な指令も、その組織が政府の場合は法律と呼ばれる。たとえば、政府がある補助金をある属性の人や企業に交付することは、国会で決まった法律によって定められる。しかし、このような個別具体的な指令は、ノモス（すべての人が守るべき正しい行動のルール）とは異なる。このような政府組織に関連する資源配分を支配する指令・ルールのことを、ハイエクはテシスと呼ぶのである。

ハイエクは、現代民主主義の最大の問題はノモスとテシスの混同にある、と考えた。ノモスもテシスも同じく「法律」と呼ばれ、同じ人々（国会議員）によって同じ手続きで制定されている。しかし本来、ノモス（一般的な正義のルール）を発見して明文化することと、テシス（個別具体的な資源配分の指令）を作ることとは、その仕事の内容も、その仕事に必要とされる素養もまったく違うはずである。ノモスもテシスも「法律」としてひとくくりにされ、同じ国会という場で同じ議員たちによって制定されるから、政治は腐敗する。

政治家は選挙で勝つ必要があり、そのために自分の支持集団や選挙区に利益を誘導したいという誘惑が常にある。法律が利益の配分を決める指令（テシス）であるなら、政治家は自分の支持者の利益になるように法律の内容を決めたくなるし、それを止める手立てはなにもない。

本来、ノモス（一般ルール）を決める場として構想された国会は無制限の立法権を与えられた。決めることがノモスならば、利益誘導の誘惑はあり得ず、だからこそノモスを決める国会なら無制限の立法権を与えても濫用の心配はない。しかし、現実にはそこでテシス（利益配分）が決められる。無制限の立法権を持つ者がテシスを決める制度環境では、利益集団による政治家への働きかけ（ロビイング）によって政治が腐敗することは、避けがたい自然の結果なのである。

「法の支配」という言葉を、ハイエクは「ノモスの支配」という意味で使っている。法の支配でいう『法』が単に「立法府が制定する法律」という意味ならば、この言葉は「政府は国会が認めたことしかできない」という民主主義国家では当たり前の意味しかない。そのとき、国会は形式上、全能の権限を持っているから、国会で議決さえすれば、どのような政策でも実行できることになってしまう。たとえば国会が法律を改正すれば、ユダヤ人絶滅を実行しようとする独裁者に全権を委任することも正当な意思決定として認めざるを得ない。しかし、そのような意思決定は真の意味での「法の支配」の下では認められるはずがない、とハイエクはいうだろう。ハイエクのいう「法（ノモス）の支配」は、国権の最高機関である国会でさえも、ノモス（一般的な正義のルール）に反する意思決定をしてはならない、という理念なのである。このハイエクの基準から見れば、日本を含む多くの民主主義国が本当に「法の支配」の理念を奉じているといえるのか、やや怪しいということになってしまう。

統治院と立法院の役割

現代の民主主義諸国においては、政治家にとっても国民にとっても、国会が決める法律とは大抵の場合はテシス（利益配分の指令）である、という前提で政治が行われている。その結果、ノモス（一般的な正しい行動のルール）の進化が阻害され、市場経済システム（大きな社会）が健全に発展できなくなる。ハイエクの心配は、自由世界の国家においてすべての法律がテシスに帰してしまうなら、究極的に「国家が万人についてすべての利益配分を決める」社会すなわち統制経済（計画経済）の社会主義国家に行き着いてしまうだろう、ということだった。

ノモスをテシスの侵食からいかにして守るべきか、ノモスをいかにして適切に進化させるか、というハイエクの問題は、世代間の社会の継承という問題と関連する。世代間の倫理はノモス（万人が従うべき一般的な正しさ）として形成されるだろうからである。

ハイエクは『法と立法と自由』の中で、二つの議会の役割を分け、議員の選出方法も異なるものとする議会制度改革案を提案した。ノモスを制定する議会として「立法院」を置き、テシスを制定する議会として「統治院」を置く。統治院は我が国の衆議院にあたり、立法院は参議院にあたる。ハイエクの議会改革論では、統治院（衆議院）については現状と同じである。予算や政府の個別的な政策の実行に関連する法律（テシス）を制定するのが統治院の役割である。

ハイエクの案の核心は立法院（参議院）の改革である。立法院は、万人が従うべき一般的な行動ルール（ノモス）を発見し、明文化して、法律として制定する役割を担う議会とし、統治院と明確に役割を分けるべきだとハイエクは提案する。ハイエクがイメージするのは、「賢人会議」という言葉がふさわしい数十人規模の会議体だ。

立法院では、テシス（利益配分）を決めないから、各種の利益団体や業界団体からロビイングを受けることはない。また、ロビイングを受けにくいように制度設計する必要がある。その工夫として、立法院議員は任期を四五歳からの一五年間とし、六〇歳で任期を終えたら再任なしで職を辞し、再就職の心配をしなくてよいように、退任後はなんらかの公職（陪席判事など）に再就職できる仕組みにする。さらに、国民は年齢ごとのクラブ（ライオンズクラブや青年会議所のような一種の同世代の人々の社交団体）を作り、そのクラブから立法院議員を選出するという選挙制度をハイエクは考案している。この仕組みそのものは、やや空想的ではあるが、各世代の中の「賢人」を選び出して立法院議員に据える、というのがハイエクの思い描くノモス制定議会の理想像である。

財政と議会改革

利益団体の働きかけによって財政支出が膨張することは、民主主義の危機の典型例としてハイエクが懸念していたことである。財政を健全化する方法として、ハイエクは「租税制度の一般ルールと財政収入の総額は立法院（ノモス制定議会）で決め、財政支出の総額と内訳は統治院（テシス制定議会）で決める」という財政権力の分割を提唱する。政治家や各省庁が何らかの財政支出をともなう政策を統治院に提案すると、それは自動的に（立法院で決まった租税の一般ルールによって）増税をもたらすことになるので、一部の人々の利益にしかならない政策（ロビイングによる利益誘導など）は国会を通らなくなるだろう、とハイエクは述べている。

現実の政策から見ると、ハイエクの予想はあまりにも純朴でナイーブな印象を否めない。特に、政府債務の発行によって、コストを先送りできるという誘惑がいかに強力なものかということに、ハイエクはあまり注意を向けていない。ハイエクの予想を裏切り、現実には増税しなくても国債発行で政策経費をファイナンスできるため、ロビイングによる利益誘導も社会保障などの膨張も歯止めが利かなくなっているのである。

ただ、ハイエクは政府債務と社会保障制度の膨張を軽視していたわけではない。むしろ逆に、ハイエクは世代間の問題はあまりにも困難であるために解決不能だと考えていたように思われる。後期ハイエクのもう一つの代表作『自由の条件Ⅲ』の中で、社会保障制度が膨張し、財政的負担が若い世代へと先送りされる現在の傾向は持続可能ではない、とハイエクは指摘する。そして、いずれ（二〇世紀の末には）若年世代が社会保障制度の維持を拒否するときが来て、自分で自分を養えない老人は「老人の強制収容所」に送られることになるだろう、という恐ろしい予言までしている。世代間の対立が暴力的なかたちで「解決」されるだろうと悲観しているのだ。

議会改革をして、ノモスが適切に制定されるようになればこのような世代対立の暴発は避けられる、とハイエクは暗に示唆している。しかし世代間問題を解決する適切なノモスのかたちをハイエクが示すわけではない。「ノモスは一人の人間の頭脳で設計できるものではない（市場での試行錯誤によって進化的に発見されるものだ）」というのがハイエク哲学の最大の主張なので、ハイエクの沈黙は首尾一貫している。ハイエクの議論から分かることは、議会改革によって「賢人会議」となった立法院（参議院）で、各世代の叡智を持ち寄って、世代間の問題を律するルールを決めるべきだという制度論のところまでであり、そこで決まる正義のルールの具体的なかたちを推し量ることはできない。

ハイエクは試行錯誤によって鍛えられた「伝統」に信頼を寄せる。試行錯誤による進化でルールを発見するというハイエクの姿勢は謙虚だが、しかし、我々が直面している財政危機、人口減少、地球温暖化などの環境問題、原子力発電を巡る問題など、世代を超えた超長期の問題に対処するには、試行錯誤による解決策の発見という方法はリスクが大きすぎる。失敗すると将来の何世代もの人々全体が大きなコストを背負わされることになるので、失敗は許されないからだ。ハイエクのように世代間対立の暴発もやむを得ないと覚悟するならばなにもいうことはないが、それを避けることはできないのか。ハイエクの議論の限界を確かめ、それを超え出ていく手だてを考える必要がある。

3　市場という宗教

ノモスの機能的解釈

ハイエクは、ノモス（万人が従うべき正義のルールとしての法）が健全に生育すれば市場経済は安定し、（何世代もの時間を通じて）継続し、発展していくと考えた。議会制度を改革することは、ノモス制定を任務とする議会（立法院）を利益誘導の誘惑から守るために必要である。

このハイエクの構想の前提には、「公正中立な賢人の集まりが、市場経済の経験の蓄積から、正しいノモスを選び出すことができる」という仮説がある。短期的には失敗するかもしれないが、法の制定と施行の試行錯誤を積み重ねることで、長期的には正しいノモスが発見される。それは言い換えれば、市場競争を通じた淘汰が正しいノモスをもたらす、という信念である。

世代を超えて大きな社会（市場経済システム）が継続し発展するためには、人々は利己的な自由主義を超えて、将来世代のためになんらかの自己抑制を自発的におこなう必要があるのではないか、また、そのような自己抑制（将来世代のための現在世代の自己犠牲）がどのようにしたら可能になるのか、というのが我々の問題意識であった。

ハイエクのノモスは、それに対するひとつの答えといえる。ただし、先に見たようにハイエクの答えには限界もある。

将来世代のための自己抑制は、現在世代の利己的自由からの合理的な演繹によっては決して出てこない。世代を超えて社会が持続するための自己抑制を（演繹的な理屈を超えて）受け入れなければならない。なぜ人々が自己抑制のノモスを正当なものとして受け入れるのだろうか。ハイエクの理論では、ノモスを制定するのは議会（立法院）だが、議会が勝手気ままにノモスを決めるのではなく、議会は市場が決めたノモスを発見する。ノモスは「当初はランダムに試みられた行動ルール」の候補の中で市場競争の淘汰をくぐり抜けて生き残った行動ルール」である。議会はそのノモスを発見するだけであり、真にノモスを決めるのはいかなる人間（議会、政府などを含む）でもなく、非人格的な存在である「市場」そのものなのである。市場での競争に生き残ったという事実が、そのノモスに正当性を与える。ここにハイエク理論の核心がある。非人格的な市場という存在に、ノモス（正義のルール）の権威の源泉がある。非人格的な存在であり人間を超越した存在である「市場」が、市場競争による淘汰の過程を通じて、人間に正義を与える。ハイエクの思想体系においては、「市場」には個人の利己心を超越した正義と正当性の源泉として、通常の宗教における神が占める地位と同じ地位が与えられているのである。

市場の神

これは比喩的表現ではおそらくなく、ハイエク思想の中では、非人格的な市場そのものが人間の社会生活の目的だと認識されている点において、市場は神とまったく同等の地位を占める。ハイエクは、市場経済（互いに見ず知らずの膨大な数の人々が、物資や労働を交換して快適な生存を追求する「大きな社会」）が発展することこそ、人間の社会生活の目的だと考えている。たとえばキリスト教において、人間は全能の神が思い描く目的や計画を知らない、というのとまったく同じように、ハイエクは「人は市場がなぜどのように発展するのかを知らない」という。大きな社会に生きる我々は、人智を超えた市場のはたらきに帰依しなければならない、という結論をハイエクは言外に匂わせる。

ハイエクが抱くこのような市場観は、少なくとも現代の多くの人にとって受け入れ難いものだろう。一般社会においても経済学においても、市場システムは人々の社会厚生（幸福の度合い）を増進するための手段であって、市場システムそれ自体を目的だ、と思う人は少ない。もちろん、「市場システムは人間の社会生活の（手段ではなく）目的である」というハイエクの思想は、現代社会の政治哲学として、大きな可能性を秘めた独自の価値を持っている。市場と人間、市場と国家のあいだのさまざまな問題を、我々はハイエクの思想によってすっきりと整理し理解することができる。しかし、市場システムを（個人の幸福よりも優先されるべき）人間の社会生活の目的だと認識することは、多くの人には到達できない一種の信仰の境地であろう。

グローバルな市場経済システムは、通常は、人々にとって自分の人生をささげるべき神のような存在とは捉えられていない。市場システムとは不可解で、理不尽で、恐怖と嫌悪の対象だ、と捉える人がおそらく大多数である。ハイエクは、市場に対する人々の嫌悪を、弱い人間が陥りがちな、克服すべき迷妄であるかのようにいう。社会主義や共産主義が我々の心をつかむのは、我々の心が弱く、市場経済への嫌悪という「部族社会の残滓」を抱えているからだという。ハイエク思想は、「市場システムの維持発展を、人間生活の目的とみなす」という教義さえ受け入れれば、きわめて理路整然とした思想であり、(当時優勢だった社会主義やマルクス主義に対抗して)自由な社会を擁護する強力な政治哲学になっている。その価値と可能性の大きさのわりには、ハイエク思想があまり一般の知識人に広く受け入れられていないのは、ハイエクのやや挑発的な言葉遣いにも原因があったように感じられる。ハイエクは、拡大を続ける社会主義から劣勢の自由思想を守るために戦い続けた。そのため言辞の端々が攻撃的になっていたのかもしれない。

メタ政治哲学としてのハイエク思想

また、財政問題のような世代間のライフボート・ジレンマに対して、市場を絶対視するハイエクの思想が有効かどうかについて、疑問が生じる。キリスト教において、個人間や世代間の紐帯は、すべて「神」を経由し、神に媒介されたつながりであるとよくいわれるが、ハイエクの思想においては、「市場＝神」の構造があるため、世代間の連帯は市場によって媒介されるつながりである。しかし、このとき市場は「淘汰の圧力」として機能するだけで、具体的にどのようなかたちで世代間の連帯が形成されるのかは分からない。世代間の紐帯は、市場における思想同士の競争の結果、生き残った思想が形成することになる。しかし、ではどの思想が市場競争の結果生き残るのか。この点について、ハイエクはなにも語らないのである。世代間の紐帯をもたらす具体的な思想は、さまざまなものが提案されてきた。また、これからも提案されるだろう。たとえば、仏教やキリスト教の伝統的宗教の教義もそうだし、将来世代に対する現在世代の責任を倫理の中心に据える新しい倫理学の試み（ハンス・ヨナス『責任という原理』）もある。ヨナスは、将来世代に対する現在世代の責任として「乳飲み子」に対する責任という概念を示した。自分の力で生きることがまだできない「乳飲み子」に直面したとき、人は、その子の生存を助ける無条件の義務を感じる。この義務を世代間倫理の基礎に据えた倫理体系をヨナスは提唱しようとした。その他にも、第四章で取り上げるマイケル・サンデルの政治哲学も世代間の紐帯を再生するための新しい思想的試みと捉えることができよう。

ハイエクの市場の思想は、これらの思想群に対してメタ思想の位置にある。ヨナスの哲学やサンデルの哲学など、世代間の紐帯をもたらす思想としてさまざまな候補があるが、どの思想が広まるかを決めるのは、思想同士の競争とその結果としての淘汰だということしかハイエクはいわない。ハイエクの議会制度改革は、議会が思想同士の競争の勝者を見つけやすくするための改革である。あくまで、大きな社会（市場）の中で自生的に思想や法が形成される。議会の機能は、それらを見つけ出して明文化することにとどまる。ハイエクの議会改革の構想は、（思想の）勝者を見つけるための手順論であって、思想の中身そのものはなにも特定しない。この場合の勝者とは、市場経済システムの長期的な維持にもっとも適した思想としての実績を証明した思想ということになる。それは、結果的に「世代間の紐帯を最も成功裡に形成する」と考えられる思想である。

だから、ハイエクの構想に従えば、結果として世代間の紐帯をもたらす思想が普及するはずだとはいえる。しかしこの点に関連して、ハイエクの問題点は、思想の選び出しに時間がかかりすぎるリスクがあることだ。市場競争による試行錯誤と淘汰という方法で、思想が変化し、世代間倫理が形成されるには何十年もの時間がかかる。市場競争の結果を議会（賢人会議）で議論して明文化するには、もっと時間がかかる。これでは、急速に膨張する政府債務を適切なタイミングでコントロールするような政治的合意ができるとは考えにくい。思想を巡る市場競争がものごとを解決するというハイエクの議論は、ものごとを自ら動かすスピードが欠けているのだ。破局的な未来を避けるには手遅れになってしまうかもしれない。

ハイエクの市場と全体主義

ハイエクは全体主義と戦うことに後半生をかけた。戦う敵同士はお互いに似るというが、ハイエクの極端な市場信奉や排他的な言辞は、読後感として、彼の批判対象と類似した趣がある。この不穏さの源泉は、ハイエクの市場が「競争による淘汰」の原理によって「正義」を実現する点にある。ハイエクの思想は、経済の領域に限定した経済理論として考えれば、バランスの取れた妥当なもので、けっして不穏なところはない。経済競争の効用を謳うハイエクの議論は競争の弊害への目配りも行き届いており、説得力がある。

それが政治論になると穏やかではなくなる。ハイエクは、法（ノモス）も、世代間の倫理や紐帯も、競争と淘汰によって決まると想定している。しかし、ノモスや思想の間の競争淘汰とは、経済の価格競争とはまったく異なる営みのはずだが、それがどのような競争と淘汰なのか、ハイエクの議論では明確には分からない。すると、全体主義も淘汰の思想であったということが不気味な類似性として立ち上がってくる。ナチスは人種の淘汰を、スターリンの共産主義は階級の淘汰を実行しようとした。

ハイエクがいう（法や思想の世界での）競争と淘汰は、ハイエクの敵である全体主義が主張する淘汰とどのように異なるのだろうか。

4　アーレントと全体主義

全体と個の問題

ハイエクとその敵（全体主義）との違いはなにか。ハイエクの市場淘汰が全体主義の人種淘汰や階級淘汰と異なるポイントは「市場システム＝自由の具現化」であることだ。全体主義の淘汰は自由を否定するための道具だったが、ハイエクの市場競争は個人の自由を最大にするための仕組みになっている。

経済活動だけではなく、経済活動の枠組みそのものである法（ノモス）や世代間倫理のような思想の優劣も自由競争で決まるし、また、そうであるべきだというのがハイエクの思想である。それはたしかに歴史的な事実だろうが、私たちはだからといって、これからの法や思想も競争で決まるだろう、といって済ませてはいられない。世代間のライフボート・ジレンマを解決するために、私たちは具体的にどの思想を選び出すべきかを考えなければならないからである。思想における競争と淘汰の様相を具体的に考えるためには、全体主義における淘汰の様相を、一度、展望しておく必要がある。

財政再建のような世代間のライフボート・ジレンマを考えることは、必然的に、全体（現在世代から将来のいくつもの世代に続く社会の総体）の利益と個（現在世代）の犠牲が主題になる。全体のための個の犠牲という問題設定は、戦後のこれまでの経済政策の議論では注意深く避けられてきた。その理由としては、だれもが喜ぶ解決策がないという問題の難しさ自体も一因だが、「全体と個」というテーマ設定が全体主義を想起させるという点も大きな要因だっただろう。全体と個の対立はさまざまな領域で現実にあらわれるが、戦前戦中の全体主義への反動が大きかったために、戦後長い間、なにごとについても「全体よりも個が優先される」のが普通だった。全体と個のトレードオフを明示的に論じることは、少なくとも経済政策の分野では忌避されてきた。

財政問題などが深刻化する現在、全体と個の問題を避け続けるわけにはいかない。全体と個に関する思考の中で、なにが危険な全体主義の考え方であり、なにが正当なテーマとして公的な政策論の俎上に載せるべきなのか。それを判断するためにも、全体主義を知っておく必要がある。全体主義のメカニズムを批判的に解剖した重要な著作として、ハナ・アーレントの『全体主義の起原』がある。

個人の孤独と無用性

アーレントは戦時中にドイツからアメリカに亡命したユダヤ人政治哲学者である。戦後わずか六年で『全体主義の起原』（英語版一九五一年、独語版一九五五年）を著し、ナチス・ドイツを出現させた近現代ヨーロッパの政治力学を分析した。

アーレントが描写する全体主義システムの中の個人は、全体のシステムのために自分の生命を失うこともいとわない、文字通りの「自己犠牲」を実践する。財政危機などの世代間問題において、自己犠牲的な行動（将来世代のために、現在世代がコストをかけて見返りのない財政再建を行うこと）をどうやって自発的に合意するか、が本書を通じたテーマだが、全体主義国家のシステムでは、個人の生命の放棄という究極的な自己犠牲が実現している。なぜそのようなことが可能なのか。

アーレントはスターリン独裁下のソ連秘密警察の粛清裁判の描写からこの奇怪な自己犠牲のメカニズムを分析している。スターリン時代のソ連では、まったく無実の罪で、少なくとも百万人近くの人々が粛清（処刑）された。その中には、取り締り側の共産党幹部や秘密警察幹部も数多く含まれていた。定期的な粛清によって党や秘密警察の幹部ポストを空けることは、若い世代に出世の道を約束するためのスターリン政権の普通のやり口になっていた、とさえアーレントはいう。

党から罪を告発され、自白を要求された多くの党員は、自分が無実であっても抵抗することなく、（虚偽の）自白を行なって処刑される道を自ら選んだ。自ら進んで虚偽の自白をして死を選ぶ、という党幹部の奇怪な自己犠牲は、自己の存在（アイデンティティ）が『論理の一貫性』を最後の拠り所としているという事実から発している。「党は決して過ちを犯すことはない」という無謬性を信じる以上、そう信じる者は、虚偽の自白を行なわざるを得ない境遇に論理的に追い込まれるのである。アーレントによれば、党の告発者は、無実の党員から自白を引き出そうとするときに次のようなことをいう。「党が間違いを犯すことはない、とおまえは認めている。いま党はある政治犯罪の犯人はおまえだと言っている。もしおまえが罪を犯したのなら処罰されなければならない。もしおまえが罪を犯しておらず無罪を主張するなら、無罪を主張することによっておまえは『党は間違いを犯さない』という事実を否定するという罪を犯すことになる」。

党の「無謬性」を自己の全存在の基盤として受け入れている党員は、党が自分に対して行なった犯罪の告発を否定すれば自分の存在基盤を否定することになる。逆に、無実の犯罪をあえて認めることは、党に対していま自分ができる最大の英雄的貢献である、と考えるようになる。こうして虚偽の自白が大量に生まれ、多くの党員がその自白を根拠に処刑された。これらの党員にとって、党の無謬性を否定するということは、自己の生命をなげうっても避けなければならないほどの事態だと認識されていたわけである。「この理窟の強制力は『おまえは自分自身と矛盾してはならない』

ということにある。そして矛盾律のこの奇妙な利用法の強制力は、矛盾はすべてを無意味にする、意味と斉合性は同じものであるという仮定にある」(『全体主義の起原3』)。

全体主義体制の人間が、論理一貫性を維持することを自分の命よりも優先する理由は、全体主義が二〇世紀前半の欧州で広まった理由そのものでもある。「全体主義的支配のなかで政治的に体得される（中略）基本的経験は見捨てられていること Verlassenheit の経験なのである。イデオロギーの必然的・強制的演繹とこの Verlassenheit との奇妙な結びつきは、政治的にはあきらかに全体主義的支配機構によってはじめて発見され、その目的のために利用された」(同前)。

見捨てられていること、とは現代人の孤独または無用性の経験である。近現代になって伝統的な宗教信仰やコミュニティが崩壊し、自分の居場所を失った多くの人々は、基本的な経験として常に「自分は見捨てられ、社会の中で役に立たず、居場所を持たない」という孤独を感じる。そしてそのような人間は、二一世紀のいまも日本においてもその他の国々でも増え続けている。アーレントは注目していないが、経済的な格差の拡大も人々に「自己の無用性」を経験させ、社会から見捨てられた気持ちをいっそう強く心に刻みつける。一九二〇年代のドイツのハイパーインフレと経済混乱は、ドイツ国民の生活を破壊し、多くの人々を「見捨てられた人間」に変えた。それが一九三〇年代のナチスの台頭につながったことをアーレントの議論は示唆している。

自己のアイデンティティの拠り所を伝統的なコミュニティや宗教に持てなくなった孤独で見捨て

られた大衆は、「論理の一貫性」という一点にのみ自己の根拠を見出す。現代の人間のこの性質が全体主義的支配の実現を可能にするということを、『全体主義の起原』でアーレントは発見した。自己矛盾がないこと、すなわち論理の一貫性そのものが人間の存在の拠り所になるとは、驚くべきことかもしれない。見捨てられ根無し草となった人間は、自分を支えてくれるものはこれだという確信を何事に対しても持てず、なんでもいいから確信を持てる対象を見つけたいと願う。なにかに確信が持てれば、それを自分の人生の拠り所にできるからである。確かなものがなにもない現代において、最後に人が頼れるものとして、「1＋1＝2」のような「演繹的論理の一貫性」だけが残るのである。だから現代人は、なかんずく全体主義体制下の人間は、「非・自己矛盾」「論理一貫性」「無謬性」をあらゆるものに優先する行動指針として受け入れる。それが、確かなものがなにもない現実から逃避し、「確実」な世界に安住するためのただひとつの道だからである。見捨てられたと感じる人々にとっては、「論理一貫性」それ自体が自分の存在根拠なのであって、その論理の前提となるイデオロギーは実はなんでもよい。全体主義体制が人種間の闘争や階級闘争というイデオロギーを出発点として与えれば、見捨てられた人々は、その出発点から純粋に演繹的論理によって、なにが起きるか（＝なにが起きなければならないか）を定め、それを実行する。人種間の闘争が出発点として与えられるなら、演繹的論理は「劣等人種は淘汰されなければならない」という結論を導き出す。その論理一貫性を守り通すために、全体主義下の人々は、現実に劣等人種を計画的に絶滅させる、という政策を実行せざるを得なくなる。全体主義の本質は、人々が確かなものはなにもない現実から逃避し、「論理一貫性」に支配された「確実」な世界に安住するために、演繹的論理の結論に合わせて現実そのものを改造する、ということなのである。演繹的論理と現実の間で、ベッドの大きさに合わせて足を切るような奇怪な倒錯（プロクルステスの寝台）が起きているのだ。

演繹的論理の一貫性と出発点のイデオロギーをいったん受け入れてしまうと、演繹的論理が連鎖的に導き出す結論から逃れられなくなる。この論理の鎖を

鎖を断ち切るには

断ち切ることができるのは、もう一度、出発点を自分で創始することであるとアーレントはいう。新しいことを自ら開始すれば、人は与えられた論理の鎖の呪縛から自由になることができる。

全体主義を防止することができる社会システムとして、自由な市場経済システムが対置されるのは、市場経済システムにおいてこそ人々が新しい出発（新しい事業、新しいプロジェクト）を創始することが許容され、奨励されるからだといえる。非人格的な市場への「信仰」というハイエクの思想が全体主義と異なる点は、演繹的論理の連鎖を断ち切る契機が内在している点にある。

人は新しい出発をする（新たなことを創始する）ことができる、というアーレントの救いは、世代間の問題を考察する我々にも大きな含意を持っている。

5　アーレントにおける人間の自由

アーレントによれば、全体主義が人間の自由を圧殺するのは演繹的論理の力によってであった。現代社会で根無し草となった人間にとっては、１＋１は２であるというような「演繹的論理の一貫性」だけが確信を持てる最後の拠り所となる。彼らは不確かな現実から逃避して演繹的論理の確実性の世界に安住するために、現実を「演繹的論理の結論」に合わせて改造しようとする全体主義の企てに積極的に参加する。世界は人種間の闘争の場だというナチスの出発点から「ユダヤ人は淘汰されるべきだ」という結論が演繹されると、それを現実に実行することを止められなくなる。

始まりを為す

このような論理の強制力を打ち破るのは、人が与えられた出発点から演繹を続けることを止め、みずから新しい始まりを開くことだ、とアーレントはいう。与えられた出発点を捨て、新しい出発点をみずから創るならば、演繹的論理の強制力（Aを認めたからにはBも認めなければならない）は我々に及ばなくなる。「人種間闘争に勝たねばならない」というナチスから与えられた出発点を拒否し、人はいつでも新たな価値観を自分で創始することができる。

『全体主義の起原』の末尾は次の言葉で締めくくられている。「始まりは、（中略）人間の最高の能力なのだ。政治的には始まりは人間の自由と同一のものである。（中略）『始まりが為されんがために人間は創られた』とアウグスティヌスは言った。この始まりは一人々々の人間の誕生ということによって保障されている。始まりとは実は一人々々の人間なのだ」。

アーレントが「始まりは人間の自由と同一のもの」というとき、「始まり」という言葉も「自由」という言葉も日常の用法とは少し異なる意味で使われている。アーレントは、人間の活動を「労働」「仕事」「公的活動」の三つに分けた（『人間の条件』などを参照。アーレント本人は三つ目を単に「活動」と呼んでいるが、本書では意味をはっきりさせるために「公的活動」と記すことにする）。

ひとつ目の「労働」とは、生物としての個体が生命を維持するために必要な作業であるか、あるいは賃金を得ることのみを目的とする賃労働を指す。労働は単に当人の生存のみに奉仕する。そのため、労働は、当人を取り巻く世界にその痕跡をなんらかの成果物というかたちで残すことはない。

二つ目の「仕事」とは、職人による工芸品の製作など、自分を取り巻く世界になんらかの永続的な変化をもたらし、痕跡を残すような働きかけをおこなうことである。これは広く製品やサービスを発明したり提供したりすることを含み、現代人の経済活動の大半をカバーする。職業を通じた自己実現とか「生きた証」と呼ばれるものは、なんらかのかたちで世界を変えたという痕跡を指すが、そのような痕跡を残す活動をアーレントは仕事と呼んだのである。ただ、アーレントの分類では、仕事とは人間や人間関係を働きかけの対象とするのではなく、あくまでモノの世界への働きかけであるとみなされている。もちろん経済的な仕事によって、人への働きかけや人間組織の変化は起きるかもしれないが、それは仕事の副次的な結果である、というのがアーレントの整理なのだろう。

三つ目の「公的活動」は、モノではなく、人間の集団に対する働きかけを指す。ある政治的共同体に属する人間が他の人間に公的な場で直接的に働きかける活動、すなわち政治活動の全般を指すのが、この「公的活動」である。これは、人間が他者と、現在または将来の共同体のあり方について議論し、合意するプロセスである。人間同士が意を尽くして説得し、説得され、なんらかの合意や取り決めに達する一連の活動が公的活動であり、それは私たちが通常使う政治という言葉と同義である。公的活動は、モノの世界に痕跡を残すわけではないが、人間の共同体のあり方を変え、人々が従うべき法（ノモス、すなわち、万人が守るべき正義のルール）を創る。

アーレントが「始まりとは自由である」というとき、「始まり」という言葉は人間の三つの活動のうち三番目の「公的活動」において、なんらかのプロジェクトを新しく始めることを指している。そして「自由」とは、公的活動にみずからの創意と自由意志で参加することを指している。アーレントの自由は、通常我々が経済問題などで使う「選択の自由」とはまったく違う。市場での選択の自由とは、自分がなにかモノを選択する際に自由に選べるということだが、アーレントの自由とは公的活動（他のヒトとの共同作業）に参加することができるという「参加の自由」を指すのである。古代ギリシャのポリスの市民は、ポリスの政治に参加する権利を有することをもって奴隷と区別され、自由であるとされていた。アーレントの自由とは、古代ギリシャのそれに近い概念であり、古代的な自由または「自己統治の自由」ともいえる。

アーレントの公的活動とは、共同体において人々が、自分たちの政治的問題にどのように対処するかを話し合い、合意する活動であるから、共同体構成員の自己統治の活動である。したがって公的活動への参加の自由は自己統治の自由なのである。このとき「始まり」は「自由」であるというアーレントの言葉の意味が明らかになる。公的活動に自発的に参加する者は、何らかの創意を持って、政治共同体に変化をもたらすなにごとかを始めることを意図している。そして、なにごとかを始めるために公的活動に自発的に参加するという行為は、それ自体が、自己統治の自由を実現する行為である。「政治的には始まりは人間の自由と同一のものである」とはそういう意味なのである。

自発的な政治参加への意思が人々に広く共有されていないところでは、人々が通常の自由（すなわち選択の自由などの経済的自由）を闇雲に要求すると、社会の収拾がつかなくなり、最後は恐怖政治へと行き着く（『革命について』）。アーレントは、「自由」を求めたフランス革命が恐怖政治に陥り、アメリカ独立革命が健全な民主政を発展させたことを対比させ、前者には「公的活動への参加の自由」が欠如し、後者にはそれがあったとする。フランス革命期に政治参加の門戸が市民に開かれていなかったということではなく、むしろ当時のフランス市民の側に、公的な活動に参加して、互いに議論し、合意に至るという「自己統治の意識」が共有されていなかったことをアーレントは問題視する。公的活動への参加の自由を実現するためには、単純に参加を阻む障碍物がないということでは十分ではなく、政治共同体を統治する「自己統治者としての意識と作法」が市民の側に共有されていることも必要なのである。こうした教訓は、二一世紀の我々にとっても基本的な立脚点として重要である。

ハイエクの市場とアーレントの自由

このようなアーレントの分類に則って考えると、ノモス（万人が守るべき行動規範）がなんらかの淘汰によって生成するというハイエクの議論をうまく解釈しなおすことができる。複数の正義のルールから、万人が受け入れるノモスを結果として生じさせる淘汰は、ハイエクの議論からイメージされる経済的な競争のプロセスではなく、アーレントがいう公的活動（政治的な議論）における説得と同意のプロセスによって生じる。それはルール同士が競い合い、互いを打ち破ろうとして勝敗を決するというゲーム（通常の経済活動における市場競争のゲーム）ではなく、人間と人間が議論を尽くし、互いの正義からより高次の正義を生み出そうとする創造のプロセスというべきものである。人々に共有される倫理の体系は（複数の候補から選別されるというよりも）、アーレントのいう公的活動の中で新しく創造される、と捉えるべきなのである。

ではアーレントの公的活動においてどのような事柄が議論の主題となるのだろうか。

アーレントはその点についてはきわめて抽象的であいまいな描写しかしていない。筆者なりに解釈しなおすと、アーレントのいう公的活動の基本的テーマは、政治的共同体の全体の利益と個の犠牲との間でどうやって折り合いをつけ、共同体を維持発展させるか、というライフボート・ジレンマを議論し合意することである。公的活動すなわち政治的活動において、人々がみずからの創意で議論に参加し、話し合いを通じて相手を説得し自分が納得することにより、自己犠牲的行動を選び取る。本書の主要な関心事である財政危機（世代間のライフボート・ジレンマ）に即していうならば、現在世代内での公的な議論を通して、財政再建――将来世代のための自己犠牲または自己抑制――にどこまで漸近できるのか。これがアーレントの公的活動で参加者たちが議論し、合意すべき課題なのである。

公的活動への参加を通じて人々がみずから選ぶ自己犠牲と、全体主義のイデオロギーを出発点とする演繹論理の必然性によって強制される自己犠牲とはまったく異なるものである。どちらも全体のための個の犠牲という結果は同じに見えるが、全体主義のイデオロギーは、現実から遊離した妄想であり、現実の世界に居場所がない人々（自分が無用な人間だと日々実感させられている人々）が現実から逃避して逃げ込む場所である。そのため、全体主義のイデオロギーから演繹的論理によって導き出される結論は、ますます現実との接点を失っていく。たとえば党から求められるままに虚偽の自白をして処刑されるソ連の共産党員のように、個人が全体主義のイデオロギーのために自己犠牲的な行動をとったとしても幻想のイデオロギーを強化するだけなので、全体主義の体制は現実への適応力を失い、いずれ現実世界と衝突して破たんする。全体主義のイデオロギーへの献身は、政治共同体が現実の環境に適応して生き延びることに役立たないばかりか、むしろ政治共同体が破滅に近づくことを促進する結果になるのである。

一方、アーレントが想定するように、政治共同体の統治に成員が参加する自由を持つ体制では、公的活動（公の場での政治的な討論と合意のプロセス）を通じて、「全体の利益のための個の犠牲」が合意されるということが可能になる。この場合の「全体の利益」とは、現実から逃避する全体主義のイデオロギーとは逆に、当該の政治共同体が現実の世界により一層うまく適応すること、を指している。成員が自己統治への参加の自由を持つ自由な政治体制では、政治共同体が全体として現実に適応して生き延びるために必要不可欠な範囲においてのみ、個の自己犠牲が求められ、合意されることになる。この点が自由な体制と全体主義のもっとも大きな違いなのである。

我々の財政の問題に即していえば、高齢化や巨額の政府債務という現実から逃避するのではなく、その現実を真正面から見据えて対処する方法について議論し、合意を見出すことが、現代の我々に求められている「公的活動」である。

6　ヨナス――乳飲み子に対する責任

アーレントの議論からは、現代人が政治共同体の自己統治に自発的に参加することが（始まりを為すこと）が健全な社会を持続させるために必要だということができる。しかし、「自分は社会で無用な存在である」と感じさせられている見捨てられた人々は、どうしたら公的活動に参加しようと考えるだろうか。それができないから、特異なイデオロギーへの軽信と、そのイデオロギーを信じる「内輪」の中だけで通用する論理一貫性への執着が起きる。そのような人間の性質はアーレントが論じた全体主義に限らず、現代社会のさまざまなところに顔を出している。たとえば、オウム真理教のような新興宗教に入信する高学歴の若者の心理も同様である。あるいは、かつての日本ではサラリーマンが会社への忠誠心から「会社のために」違法行為に手を染めて、それが発覚すると会社の名誉を守るために自分ひとりで責任を引き受けて自殺する、という事件がままあったが、そのような人の心理も一例である。

見捨てられた人々

『革命について』でアーレントは、貧窮に苦しむ人が多数になると、自由を創設することができなくなり、テロに行き着くと論じている。このとき、貧窮とは単に経済的に貧しいということではなく、「見捨てられていること」を恒常的に実感させられていることである。アーレントはジョン・アダムスの次の言葉を引用している。「貧しい人の両親は曇りがないのに、彼は辱めを受けている。……彼は異議を唱えられたり、とがめられたり、非難されたりしない。彼はただ気づかれないのである。……完全に無視され、しかもそのことに自分も気づいているということは耐え切れないことである」(『革命について』)。

アーレントの『革命について』は、経済的な貧困がフランス革命の失敗の原因である、と主張しているように誤解を受けやすい。必然性の軛《くびき》で支配された人間は自由(政治参加の自由)を享受できない、そして、必然性とは生存のための必然性であり、生存のための必然性に支配された状態とは、端的にいえば経済的な貧困状態のことである。したがって、独立当時のアメリカのように、経済的に豊かな社会になれば、人間は必然性の軛から解放され、政治参加の自由を行使できるようになるだろう。フランス革命は大多数の人民が貧窮していたから政治的自由の創設に失敗して恐怖政治に陥ったが、アメリカ独立革命では、人々の多くが豊かな独立自営農民だったから共和制の創設に成功した。アーレントはそういっているかのように読める。

しかし、それは誤解であろう。

『全体主義の起原』において、アーレントは、経済的な豊かさが実現した二〇世紀初めの欧州で、人々が自ら進んで「必然性」の軛に自分を縛り付けたことを指摘した。その結果として全体主義が生じた。二〇世紀の「必然性」は生存の必要からくる生物学的な必然性、すなわち、貧困がもたらす必然性ではない。むしろ、大衆が人生の無意味さから逃避して、イデオロギーに逃げ込んだ結果として生じる、イデオロギーの命題から演繹される「演繹的論理」の必然性であった。ドイツのハイパーインフレなどの経済的な困窮は二〇世紀の欧州でも問題だったが、それだけが全体主義の原因ではない。人々が「自分は見捨てられた無用な存在だ」と実感させられることが問題であり、貧困はその要因のひとつだった。人は貧しさから脱しても、見捨てられた経験から脱することができるとは限らず、見捨てられたと感じた人々は、公的活動（政治）への参加の自由を求めようとはしない。彼らは進んで「必然性」の連鎖に身を投じようとする。その可能性が現実になることを二〇世紀の全体主義の経験は実証しているのである。

見捨てられた人々が公的活動に参加するようになるにはどうすればいいのか。アーレントは、始まりを為すことによって見捨てられた人間が居場所を取り戻す、と論じる。しかし、人は自分が有用な存在だと確信したときに初めて、自分のイニシアティヴを持って公的活動に参加しようとするのが普通だ。自己の無用性を日々、実感させられている人々は、公的活動に参加する意欲を持つことはできないだろう。

アーレントは、人の誕生が始まりを為すことだという。しかし人は誕生したからといって公的活動に参加するという保証はない。むしろ、人の誕生というかたちでこの世界には始まりが常にいたるところにある、という言明は、問題の解決策であるというよりも、アーレントの決意であり、祈りであると解釈すべきなのかもしれない。

誕生のもう一つの意味

人の誕生を自分自身の誕生ではなく、他者の誕生と見ると、別の解釈が可能になる。この世界で見捨てられ無用とされた人々が、有用性を取り戻すことができるひとつの機会は、「乳飲み子」に直面したときである。乳飲み子は、自分ではなにもできない。無能力という存在を晒すことで、乳飲み子は、相対している人（自己は無用な存在であると感じさせられている現代人）に生存のための世話をすることを要求する。乳飲み子に直面することで現代人は否応なく、「有用な存在」に変えられる。

ここに、見捨てられた人々を公的活動に参加する有為な人々に変えるカギがあるのではないだろうか。乳飲み子に直面するとき、人は否応なくその子に対する「責任」を負う。そのことが、その当人を無用性から救い出す。ハンス・ヨナスの責任論の筋道を追ってみよう（『責任という原理』）。ヨナスはユダヤ人哲学者・倫理学者であり、アーレントの友人であった。ドイツで生まれ、カナダ、アメリカで活躍した。ヨナスの倫理学は、現在の個人の行為が遠い将来の世代の生存や生活に影響するという現代技術文明の特質をテーマにしている。たとえば、現代人の産業活動が自然環境を破壊し、将来の世代の生存を脅かすという環境問題についての倫理学がヨナスの主題である。この点で、ヨナスの問題意識は、財政の持続性に着目して世代間のライフボート・ジレンマを考える私たちの問題設定と同じであるといえる。

古代から続く通常の倫理学では、行為や責任の主体と客体は、時間的にも空間的にも近接している。しかし、未来への責任を倫理学において定式化しようとする場合、現代の我々の行為が将来の重大な結果をもたらすというときの因果関係の連鎖は非常に遠く複雑であり、責任の対象も遠い将来世代となってしまう。未来への責任は、どうしても一般的、抽象的な概念（つまり対象が個別具体的ではなく、感覚的に切迫感のない、あいまいな責任）にならざるを得ない。

ヨナスは、未来に対する緊急かつ具体的な我々の責任の「原型となる証拠」として「乳飲み子」を提示した。乳飲み子には「すでに存在していることが自らの信認を求めんとする暴力性、まだ存在していないことの持つ無力さ、あらゆる生物の持つ無条件の自己目的、この目的に応える能力がまだ備わっていないということ、……が一体として含まれる」。

ヨナスは、乳飲み子が否応なく突き付けてくる「世話をせよ」という要求に応える無条件の「義務」が我々大人にはある、という。少なくとも、その義務が本能的な事実として突きつけられていることと自体は疑い得ない。ヨナスは、この事実から、未来への責任を構築しようとする。

ヨナスの議論では、乳飲み子は我々に責任を課す存在としてあらわれる。ここでは少し視点を変えてアーレントのいう「見捨てられている」人々の立場から乳飲み子を見ることにする。乳飲み子（その子は必ずしも自分の子であるとは限らない）に直面し、その子から否応なく義務を突き付けられるという経験は、「見捨てられていること」とはまったく逆の「必要とされていること」の経験に他ならない。自己の無用性を恒常的に感じ続けている現代人は、乳飲み子に直面するという体験において、無用性の経験を断ち切ることができる。アーレントがいう「新しい始まり」のここでの解釈は、一人ひとりの人間にとって、彼ら自身の誕生が新しい始まりだということではない。他者である乳飲み子の誕生に（親としてあるいは大人として）直面するということによって、彼らは「他者に絶対的に必要とされる（自分はけっして無用ではない）」という経験をする、ということである。

この経験を契機として、アーレントのいう自由の創設、すなわち、人々が自発的に公的活動に参加する場の創設が可能になるのではないか。乳飲み子とともに生きる経験から我々が政治への参加を志向する意思を取り戻し、そのモチベーションを高いままに保てれば、「公的な自由」*と呼ばれる政治参加が実質を持つようになり、我々自身が将来世代への責任を論じることができるようになる。「始まりはひとりひとりの人間の誕生である」（『全体主義の起原』）という言葉は、したがって、次のように解釈すべきなのだろう。始まりとは、私たちの身の回りで日々起き、私たちが否応なく直面する、一人ひとりの他者（乳飲み子）の誕生である、と。

現代の日本では、さらにこう付け加えることもできるかもしれない。我々が他者から必要とされるという経験するのは、乳飲み子に直面したときだけではなく、死に瀕した高齢者に直面したときもそうである。

ヨナスに即していえば、高齢者という存在にも、すでに存在していることが自らの信認を求めんとする暴力性、あらゆる生物の持つ無条件の自己目的、この目的に応える能力が失われつつあるという無力さが一体として含まれているといえる。これからの日本の超高齢化社会では、乳飲み子と接するよりも、死にゆく高齢者に直面する機会の方が、ずっと多いかもしれない。死にゆく高齢者と対面したときに、我々はどのような責任と義務を感じるのか、というところから、ヨナスが追求したように新しい倫理体系を構想できるかもしれない。

乳飲み子が未来への責任に結びつくことは自然な感情から納得することができるが、死にゆく老人への責任や義務が、未来の世代への責任にどうつながっていくのだろうか。

それは経済学者ポール・サミュエルソンが考えた世代間の贈与の無限の連鎖（子が老親の世話をする、という習慣が世代を超えて続いていくという連鎖）を想起させる。次章第1節で詳述するが、高齢者への献身は、世代間の連鎖が未来へ続くことを是認し、確認し、強化する。これは各世代で繰り返される連鎖である。高齢者への献身は、社会の持続性への責任を我々が引き受けるということを、次の世代に伝えるシグナルになるのである。

＊『革命について』では、アーレントは「公的幸福」という呼び方をしている。

第四章　自己統治の自由

世代間のライフボート・ジレンマを解決できない理由は、人（統治者）にコミットメントを守る能力が欠けているからである。ロールズの「公正な貯蓄」が実現できない理由は、原初状態でのコミットメントを、歴史が始まってからの各世代が守る能力を持っていないことだった。ポーコックは、二つの徳（ヴァーチューとヴィルトゥ）を、統治者のコミットメントに関連する概念として定義した。ヴァーチューはすでにした約束を守る能力であり、ヴィルトゥは新しい約束を交わし、それを信頼してもらえるという能力である。統治者の約束とは、危機時に身を挺して民を救う、という自己犠牲の約束である。

ポーコックは、経済成長はヴィルトゥだという。その理由は、経済成長が続く限り、統治者は古い約束の履行を迫られることはなく、成長に合わせて新しい約束に更新し続けることができるからである。ライフボート・ジレンマは、統治者が古い約束の履行を迫られることとほぼ同義であるから、経済成長が続く限り、統治者はライフボート・ジレンマに直面しない。

このことは、現代民主主義諸国において、リベラリズムの政治思想と経済成長がワン・セットで政策目標とされている理由を明らかにする。リベラリズムが成り立つためには、ライフボート・ジレンマが起きてはならないが、経済成長が続く限り、ライフボート・ジレンマは回避できるのである。しかし経済成長が永遠には続かないという（自然な）制約のもとでは、リベラリズムも永久に続けることはできない。

サンデルは、「自己統治の自由」が共有された社会ならばライフボート・ジレンマは解決できるだろうと示唆する。自己統治の自由とは、一人称の自由（選択の自由）ではなく、複数の人間がともに働く自由（共同の統治活動への参加の自由）である。共同体への参加が自らのよろこびである人は、共同体のための自己犠牲を是認し、ライフボート・ジレンマを解決しようとする。自己統治の自由を共有するためには、それが本質的に複数の人々とのコミュニケーションにかかわるため、他人とうまく合意できるかどうかという点からも人々の人格に一定の共通基盤があることが必要となってくる。現代のリベラリズムが政府は価値中立的であるべきだというのに対し、サンデルは、自己統治の自由を実現するために、人々の人格形成や価値観に政府が一定の範囲でかかわるべきだと示唆するのである。

1　直線の時間と円環の時間

直線的な世代間の協調
――サミュエルソン

アーレントやヨナスについてのこれまでの考察から分かる通り、公的活動に参加する自由を人々が行使するためには、その前提として、公的活動に参加する意思や他者と議論して合意する適切な心構えを人々が持たなければならない。そうした意思や意欲を人が持つことは「世代を超えて国家（または社会）を引き継ぐという作業の中に自分自身の役割がある」という感覚を持つことと密接に関係している。

親が乳児期の子を養育するのは生物学的な必然であるが、それに加えて、近代以前から「老親を子の世代が養う」という世界共通の慣習が存在した。これは社会の基本的な世代間協調の仕組み（世代を超えて国家を引き継ぐ仕組み）といえる。この仕組みが壊れずに存続する理由を単純なロジックで説いたのが経済学者のポール・サミュエルソンである。「子が老親を養う」という規範が各世代で守られるのは、「もし、自分（子）がこの規範を破ったら、自分も老後に子に養ってもらえなくなる」というペナルティの想定が各世代に共有されているからである、とサミュエルソンは論じた。「子が老親を養うか否か」という問題では、すべての世代が子と老親の両方の立場を必ず経験する。この構造は、すべての世代が必ず同じ問題に直面するという「繰り返しゲーム」の構造があるのである。この構造では、ペナルティの想定があれば規範は世代を超えて守られることをサミュエルソンは証明した。自分が老親を養うことを拒否すれば、自分が老いたときに、子に養ってもらえなくなる。このペナルティを恐れて、各世代は規範を守る。これは「因果応報」という私たちの常識を言い換えたものともいえる。そのような常識として「子が老親を養う」という規範は世代を超えて、未来に受け継がれる。

しかし、合理的な個人からなる社会で「因果応報」の原理がはたらくのは、規範を破った者がペナルティを受けると予想できる場合だけである。二一世紀の世界で私たちが直面している財政問題や環境問題などは、私たちの世代が問題を解決しなくても、問題が顕在化するのは私たちが死んだ後の遠い未来なので、私たちの世代はペナルティを受ける恐れは（あまり）ない。こうなると因果応報のロジックは無力である。

たとえば財政再建という問題では、現在世代が増税や歳出削減などによる不況という「痛み」をコストとして支払うと、現在世代が死んだ後に、次の世代は「財政破綻の回避」、すなわち安定した経済と財政の環境、というベネフィットを得る。こういう構造では、現在世代は財政再建を実施してもコストを支払うだけでベネフィットを得られない。すると、現在世代には財政再建を行おうとする動機が失われ、問題は限りなく先送りされ続ける。こうして世代間の協調は実現できず、社会の持続性は失われてしまう。経済学用語でいえば、長期的な「コミットメントの欠如」が世代間協調の劣化を引き起こすといえる。

現在、もうひとつ大きな社会問題として、世界的に格差拡大が問題になっている。格差は、所得、資産、教育など多方面において広がっている。この格差問題も、実は、世代間の協調の問題と密接に関係している。過去には、日本でも世界各国でも、いまよりももっと大きな格差が存在していた。もちろん当時も格差は問題だったが、かつては「世代間の協調」の仕組みが格差へのセーフティネットとして機能していた。子が親を養うという規範と、地縁と血縁によって、世代間の支えあいの仕組みが伝統的な共同体には息づいていたからである。だが戦後の経済成長の時代を経て、現在はそのような支えあいの仕組みが希薄化してしまった。地縁や血縁に代わって、政府（自治体）が社会保障制度によって高齢者を養うことになったものの、その持続性にはだれもが不安を抱いている。そういう環境で個々人の現在の所得や資産の格差が広がると、それは将来の老後の生活への不安に直結する。つまり、世代間の協調がしっかりしていれば、多少の格差があっても問題にならないが、世代間の協調が崩れた現代においては、格差拡大は大きな不安と不満を呼び起こすのである。

時間の作用と政体循環論

世代間協調が成功する繰り返しゲームと失敗する「一回限り」のゲームの対比は、人間社会における時間について我々が抱く二つのイメージに対応しているといえるかもしれない。それは「直線」の時間と「円環」の時間である。

直線としての時間のイメージは次のようなものである。同じことが毎年、あるいは、各世代で繰り返し起き、社会の変化（あるいは進歩）も一定の方向を向いて進んでいく。漠然とした進歩史観がこのイメージのベースにある。標準的な経済学、社会契約論、ロールズなどのリベラルな思想は、おおよそこのような時間イメージを持っている。

一方、輪廻転生の思想のように、時間を「円環」として捉える見方も、洋の東西を問わず古くから存在している。アリストテレスの自然学では時間が円環を描くとされていた。同じく古代ギリシャでは、紀元前二世紀の歴史家ポリュビオスは「政体循環論」を唱え、国家の政体は、王政・貴族政・民主政の三つを循環的に繰り返すと論じた。王政は腐敗して僭主政に堕落し、貴族政は寡頭政に、民主政は衆愚政へと堕落することにより、次の政体に移行する。これは、人間は世代を超えた約束を守ることが難しいという事実（コミットメントの欠如）から生み出された「どのような政治制度も時間とともに崩壊する」という信念である。

政治思想史家J・G・A・ポーコックは『マキャヴェリアン・モーメント』において、なにごとも腐敗させる時間の作用の重要性を強調した。この時間の作用によって、国家も人間と同じように有限の寿命を持ち、成長・衰退・再生を繰り返す「円環」の時間を生きる。円環の時間における政治の目的は、時間の作用に抗って国家の寿命を引き延ばすことである、とポーコックは指摘した。世代間の協調を維持し、安定した社会を引き継いでいくことは、国家の寿命を引き延ばすことに他ならない。また、強い軍事力を持ち、諸外国と安定した外交関係を持つことも、国家の寿命を引き延ばすことが目的といえる。この意味で、社会保障制度や財政政策も外交・防衛政策も、究極的には、政治共同体の長期的な持続という同じ目的のために貢献しているのである。

世代間の協調を実現することという現代の課題は、社会の老朽化を防ぎ、国家の寿命を引き延ばすという古代からの政治の大目標につながっている。

民主主義のバージョンアップ

現代社会で世代間の協調を回復するためには、なんらかのかたちで現状の民主主義の制度を補正（バージョンアップ）していくことが必要である。現在の民主主義の仕組みは、いま生きている現在世代の有権者が意思決定を行う体制であり、まだ生まれていない将来世代の利益を擁護することはできない。「現在世代は将来世代の利益も考えに入れて利他的に行動するはずだ」という素朴な性善説は成り立たない。持続性のある社会を将来世代に安定したかたちで引き継いでいくためには、将来世代の利益を代表するなんらかの政治的アクターの創設が必要なのではないかと思われる。

財政問題については、「財政版の中央銀行」とでもいうべき公的機関を作って、近視眼的になりがちな政治の動きをけん制する、という考え方が注目されている。これは、政治家や各省庁から中立性を持ち、政治的思惑とは無関係に、客観的に、長期的な財政予測を行う機関である。その機関は、独立性と中立性をもって財政予測を公表し、その予測を見ながら各省庁や議会は毎年の政策決定を行うことになる。各省庁や議会による政策決定の結果がどのような長期的影響を持つかということも、その機関が推計し、予測し、政策論争の場にフィードバックされる。そうすることによって、毎年の政策決定は、長期予測機関の予測によって適切に制約されることになる。このような長期財政予測機関を作るべきだという提言は、経済協力開発機構（ＯＥＣＤ）や国際通貨基金（ＩＭＦ）などの国際機関から繰り返し日本や、そのほかの先進諸国に対して提起されている。一時期は、日本でも議員立法による具体的な法案化の動きもあった。

このように、将来世代の利益を代表するアクターを生み出すこと、すなわち、現代の民主主義をなんらかのかたちでバージョンアップすることが必要だということは、政策関係者の世界では広く認識されつつある。

ちなみに、長期財政機関のように、政治的に中立な専門家集団が将来世代の利益を代表する、という仕組みに近いと思われていたのが戦後の高度成長期の日本の官僚制であった。かつて官僚は国家百年の計として政策を考えており、数年ごとの選挙で勝つことしか考えていない政治家よりも長期的・中立的視野でものごとを考えているというイメージがあった。そのような官僚制の権威も、バブル崩壊後の一九九〇年代以降の失政とスキャンダルで地に堕ちてしまったことは周知の通りである。

新しい政府機関を設立して将来世代の利益を代表させること以外にも、「将来世代へのコミットメント」を強める政治システムを憲法改正によって追求することもできる。欧州やラテンアメリカの諸国では、憲法で財政均衡を義務付ける条項を入れている国もある。均衡財政条項を憲法に入れることが有効かどうかは必ずしもはっきりしないが、精神規定として憲法に書くことで、国民が財政の理想像を共有するという意味はある。スイスの憲法では、全般的な世代間の衡平を憲法に謳っているという。

たとえば、日本国憲法十三条（幸福追求権）では、公共の福祉に反しない限り、一人ひとりの国民が自分自身の幸福を追求する権利が保証されている。「公共の福祉に反しない」とは同時代を生きる他の人々の幸福追求権を侵害しない限り、という意味である。これを拡張し、「将来世代の人々の福祉」に反しないことを現在世代の幸福追求の権利に条件付けることも考えられる。将来世代への一定の配慮を憲法に書き込むことは、これからの財政運営を規律する精神規定として有効ではないだろうか。

また、一層、ダイレクトな方法として、人口学者ポール・ドメインが提唱したドメイン投票法（一人の子供に一票の選挙権を与え、親が代行して投票する制度）を導入することも考えられる。親が代行するとはいえ、子供に選挙権を与えるので、将来世代の利益にウェイトを置いた政治が実現する可能性が高くなると期待される。ただ、実験結果から、ドメイン投票法の実効性を疑問視する専門家もいる。またその実現には憲法改正が必要だが、一人一票という民主主義の原則に明らかに違反している、として、ドメイン投票法に対する法学者・政治学者からの拒否反応は根強い。

こうした議論が提起しているのは、「時間の作用に抗って国家の寿命を引き延ばす」という古来の政治の基本的要請と、近代の民主主義の原理（現在世代の中だけでの一人一票の原則など）との間の衝突という問題である。それは全体（将来のすべての世代）が生き延びることと個（現在の世代）の権利との間でどのように折り合いをつけるか、という全体と個に関する古くて新しい問題である。一人一票などの現代政治の原理原則の根拠までさかのぼって白地から改憲論議を始める必要があるのではないだろうか。

2 ポーコック——時間の政治学と徳の探究

マキャヴェリアン・モーメントの構造

国家の寿命は有限である、そして、時間の経過とともにどのような政体も崩壊する、という「円環の時間」の世界観は、近代の思想枠組みに明らかに対立する。現代のリベラルな政治思想（その典型がロールズ「正義論」である）では、「国家の寿命を引き延ばすために一部の個人が犠牲を払わなければならない」という事態は想定されていない。少なくとも、それはきわめて例外的な事態である、としてリベラルな議論の主要テーマから排除されている。このテーマがむしろ政治の本来の主題であると一九七〇年代に改めて強調して学界に大きな衝撃を与えたのが、J・G・A・ポーコックの『マキャヴェリアン・モーメント』である。ポーコックは一九二四年生まれのニュージーランド人の政治思想史研究者で、米国のジョンズ・ホプキンズ大学で長く教鞭をとった。

ポーコックは『マキャヴェリアン・モーメント』で、時間が国家を腐敗させる作用が、西欧の政治思想においてきわめて大きな意味を持っていたことを強調する。そして彼が「時間の政治学」と名付けた一連の政治思想の発展を、ルネサンス期のイタリアから現代アメリカに受け継がれる歴史的潮流として記述した。

ここでは、ポーコックの枠組みをシンプルに記述することによって、「リベラリズムと経済成長」という現代の政治思想の基調を再解釈してみたい。

時間の経過が人間社会にもたらす重大な問題は、コミットメント（約束）の困難さという性質に関連している。私たちの解釈では、ポーコックのいう時間の腐敗作用とは、時間の経過にともなって「過去に結ばれた約束が履行されないこと」が明らかになり、社会の構成員の間の信頼が崩壊していくという作用を表す。経済学者があつかう繰り返しゲームの理論では、プレイヤー同士（たとえば政府と市民）が将来の行動について約束をする場合、「もし約束を破ったら、二度と相手から信用してもらえなくなる」というペナルティをお互いに想定する。そしてそのペナルティを避けるために、均衡においてプレイヤーは合理的に約束を守る。約束が破られる、という状態は発生しないものとして経済理論は進んでいく。しかし、もちろんそれは机上の理論の中での話である。現実にはなんらかの想定外の理由で約束が履行されず、ペナルティが顕在化することが起きる。政府と市民の間のさまざまなゲームにおいて「二度と相手を信用しない」という状況が積み重なれば、社会の運営は徐々に非効率になり、国家は衰退する。

特に、多数者が利益を得るためには、少数者が（自発的に）犠牲にならなければならないというライフボート・ジレンマについて、コミットメントが破られると結果は深刻である。「多数の利益のために少数のエリートがいざというときには大きなコストを支払って対処してくれる」という期待がある社会と、そういう期待がない社会では、人々が感じる安心感や先行きへの自信はまったく異なる。身近な例は、日本の官僚への信頼感であろう。前節でも記述した通り、一九八〇年代までは、「日本の官僚はいざというときには身を挺して国家の危機を救ってくれる」という期待感が国民の間にあった。しかし、一九九〇年代の長期不況の時代に、日本の官僚は政策運営に失敗して景気回復を実現できず、また、さまざまな不祥事によって国民の信頼を失った。いざというときに頼りになる存在として官僚が信頼されていた一九八〇年代までと、官僚も政治家も頼りにならないと国民が感じている現在では、人々が将来について感じる安心感や自信の度合いはあきらかに異なる。

このように、過去に結ばれた（暗黙の）コミットメントが破られ、ライフボート・ジレンマが解決できないことが顕在化すれば、国家の制度の持続性は掘り崩され、社会の活力は衰える。これが時間の腐敗作用である。

徳という概念の二重性

時間の腐敗作用に抗って国家を生き延びさせるために必要なものが、徳（virtue ヴァーチュー と virtu ヴィルトゥ）である。ヴァーチューとヴィルトゥは同語源で、どちらも「徳」と訳すしかない単語であるが、ポーコックはこれらを微妙に異なる概念として使い分けている。ポーコックの文章はたいへん複雑で多義的なのだが、ここでは次のように単純化して解釈しておく。

①徳（ヴァーチュー）は、過去に取り交わされた約束を守るための能力や自己犠牲。
②ヴィルトゥは、（既存の約束を壊して）新しい約束を結ぶための能力・力量や献身。

マキャヴェリが『君主論』で、新たに権力を握った新君主（革新者）の心構えや行動は、常識的な道徳に縛られるべきではない、と主張したことは有名であるが、この革新者が持つべき素質がヴィルトゥ（徳、力量）である。

新たに権力を握ろうとする革新者が、ただ単に道徳に囚われない人間であるというだけならば、それは単に国家の破壊者であり、犯罪者になってしまう。国家が時間の中で継続することを本質とするシステムだとすると、新しい「君主」は、国家の継続を保証するための将来への約束を結ぶことができなければならない。新君主に必要とされる能力は、現実の状況変化（敵からの攻撃や陰謀など）に日々対処する能力でもあるが、日々の困難を打開したあとに、国家としての方向性を約束することが来なければならない。そのような新しい約束を見出し、国民と締結する能力がヴィルトゥなのである。

一方、徳（ヴァーチュー）は、既存の国家や社会の体制を前提とし、その中ですでに存在している約束を履行する能力を指す。たとえば兵士が祖国を守るために自己を犠牲にしようとする精神がその典型である。それは古代ギリシャのポリスにみられるような、市民的徳（シヴィック・ヴァーチュー）である。

ヴィルトゥは新しい約束を見つけ出し、それを取り結ぶ献身の能力であるのに対し、ヴァーチューは古い約束を履行する自己犠牲の能力である、と対比できる。それが同じ徳（ヴィルトゥ、ヴァーチュー）という用語で示されるので、時にポーコックの文章は難解になる。たとえばポーコックが独立革命後のアメリカの連邦主義者をヴィルトゥの人と呼び、「商業は動的な力、〈ヴィルトゥ〉である」というとき、我々は用語の多義性に悩まされる。

ヴィルトゥと経済成長

アメリカ独立革命後に、連邦政府の権限強化と動的な経済成長を志向するハミルトンらの連邦主義と、各州の自治と静態的な農業共同体を目指すジェファソン主義（反連邦主義、共和主義）が相対立したことはよく知られている。ジェファソン主義の立場からは、商業帝国の発展は、利己的な貨幣利益への関心のみを助長して市民的徳（ヴァーチュー）を衰退させるので、国家を腐敗させる。有限の領域を持つ国家を健全に維持するためには、商業発展を抑制すべきなのは当然のことであった。ところが連邦主義者の立場からは、商業発展はヴィルトゥ（新しい約束を取り結ぶ力）をもたらすのだという。また、商業発展を続けることによって、国家は腐敗をまぬがれる、というのである。

連邦主義者の主張は一見パラドキシカルである。

ヴィルトゥは、革新（イノベーション）を実現する力量、とも解釈される。経済成長はイノベーションによって起きるのだから、ヴィルトゥが経済成長の原動力だという言い方も可能かもしれない。しかしこれでは言葉の連想ゲームに過ぎず、論理的な解釈ではない。コミットメントとの関連に注目するならば、ヴィルトゥは、「新しい約束をする能力」であるが、それは同時に、古い約束を履行しないままですませる能力であることをも含意している。

経済成長は、建国まもないアメリカ合衆国の場合、西部のフロンティア開拓であり、二〇世紀の先進国では技術的なイノベーションを指す。いずれの場合も、新しいフロンティア（地理的フロンティア、または、技術的フロンティア）が現れれば、政府と市民が、将来にむけて新しい約束を取り結ぶ必要性が生起する。そうして過去に結ばれた約束については、それを履行することなく、新しい約束の中に溶け込ませるかたちで自動的に更新することができる。

とすれば、経済成長が続く限り、古い約束の履行が迫られることはなく、常に新しい約束を結びなおすというかたちで、履行の先送りが可能となる。このプロセスが続けば、約束の不履行は露見せず、国家の腐敗（すなわち約束の不履行による人々の信頼の喪失）も発生しない。

例として、おなじみの政府債務の問題を考える。政府が債務返済という古い約束を履行しようとすると、増税または歳出カットという政治的なコストがかかる。一方、債務不履行が顕在化すれば、政府は人々の信頼を失い、国債は紙くずとなって国家経済は混乱する。このとき、政府にとってベストの解決策は、高い経済成長を実現することである。もし経済成長が実現できれば、債務返済をしなくても、国の経済規模に対する政府債務の比率は自動的に小さくなる。そのため、増税や歳出カットの約束をいますぐ履行しなくても問題は起きない。経済成長が続く限り、債務返済の履行を永遠に先送りし続けることができる。これが続けば、債務不履行の顕在化による腐敗（信頼の喪失）も起きない。つまり経済成長が続けば、債務に関する限り、約束を履行せずとも国家は腐敗せず、健全に継続する。

古い約束を履行しないまま新しい約束を取り結ぶことが可能となる状況を生み出す力をヴィルトゥと呼ぶとすれば、経済成長は正しくヴィルトゥである。その意味で、ポーコックの「商業はヴィルトゥである」という言明は正しいということになる。以上の考察から、なぜ現代のリベラルな政治思想の背景として経済成長が暗黙の前提とされなければならないのか、という理由も明らかになる。現代の個人主義的自由主義の思想は、社会がライフボート・ジレンマ型の危機に直面するときに対処法を与えられず、その無力さを露呈する。そのような事態を避けるためには、自己犠牲という約束の履行をいつまでも先送りできる「永遠の経済成長」という環境が必要なのである。

3　経済成長の政治的意味

リベラリズムの隠された前提

個人の自由の至上性を謳うリベラリズムの主張には、隠された前提があることはしばしば指摘されている。それは、全体のために一部の個人が犠牲にならなければならないという状況が排除されていることである。佐伯啓思が「犠牲の状況」（『倫理としてのナショナリズム』）と呼び、我々が「ライフボート・ジレンマ」と呼ぶ問題は、あらかじめ解決済みだと仮定されているのである。つまり、ある人間集団の全体のために、その一部のメンバーが犠牲にならざるを得ない、という問題（外敵との戦争や自然災害や疫病の蔓延が典型例である）はリベラリズムの考察対象から排除されている。もし社会がこのようなライフボート・ジレンマの危機に直面することがあれば、だれかが犠牲になるしかなく、その場合、すべての成員の自由が平等に尊重されるべきだというリベラリズムの原則は崩壊する。リベラリズムが成り立つためには、社会はライフボート・ジレンマに直面してはならないのである。

我々の解釈では、ポーコックが『マキャヴェリアン・モーメント』で強調する「時間の腐敗作用」

もライフボート・ジレンマに関連している。新君主は、新しい国家を建設するとき、もし将来、ライフボート・ジレンマ型の危機が発生した場合には君主が自己犠牲を払って市民を救済する、と約束する。時間の経過とともに、その約束が十全なかたちで果たされないことが露呈すると、市民の為政者に対する信頼が失われ、国家の制度全体が腐敗していく。為政者のコミットメントが果たされないという事態の発生が国家を腐敗させる。

アレクサンダー・ハミルトンたちアメリカ独立革命期の連邦主義者は、経済成長が時間の腐敗作用を停止させると考えた。これをポーコックは「商業はヴィルトゥである」と表現した。ヴィルトゥとは、為政者が市民に対して新しいコミットメントを締結する能力、すなわち、新しい国家を創設する能力を指す。為政者のコミットメントが果たされないことが明白になれば市民からの信頼が失われるのだが、これに対し経済的フロンティアの拡張は、為政者が古いコミットメントを履行することなく新しいコミットメントに書き換えることを可能にする。為政者が（「ライフボート・ジレンマが起きたら自己犠牲を払う」という）古いコミットメントの実行を先送りし続けることを可能にするのが経済成長である。経済成長が新しいコミットメントの締結を可能にするという意味で、経済成長はヴィルトゥだと解釈できる。

ポーコックが描写したこの連邦主義者の思想は、現代の先進世界の政治において「リベラリズムと経済成長」が為政者の追求すべき価値としてワン・セットになっている理由を説明している。リベラリズムを維持するためには、ライフボート・ジレンマ（およびその際に履行すると為政者が約束した事柄を履行せよという市民からの要求）に国家が直面する事態を回避しなければならない。経済成長はこの要請を充たすのである。経済成長が続く限り、為政者のコミットメントは新しいものに更新され続けるため、ライフボート・ジレンマにおける犠牲の配分というコミットメントの履行を迫られる事態は回避できる。こうして、リベラリズムを奉ずる民主政と、経済成長至上主義とは、現代世界において、密接不可分な関係となる。リベラリズムと経済成長は必ずしも論理的につながりがあるわけではないが、経済成長がリベラリズムを支える有力な方法になるという事実から、このような強固な補完関係が成立したのである。

現代社会では、経済成長の弊害を問題視する批判は多いが、それでもすべての先進国で政府は経済成長を目標とする。政府が経済成長を目標とすることが世界共通の現象である理由は、経済成長が止まると、ライフボート・ジレンマが顕在化するからだ。成長しているときは、所得格差や資産格差があっても生存の危機に陥る人は少ないので、マーケットメカニズムによって社会は回っていく。しかし、成長が低下すればマーケットメカニズムだけでは生活が成り立たない人が増えてしまうので、どうしても（市場の外での）政治による所得分配が必要となる。これは、「だれが全体のために犠牲になるか」というライフボート・ジレンマを政治の場に生み出す。この問題に直面するとリベラルな政治思想は実効性のある解決を示せなくなる。

したがって、経済成長至上主義には格差拡大などのさまざまな批判があるにもかかわらず、もっともリベラルな政党であっても、経済成長を最終的な政治目標のひとつに掲げざるを得ないのである。つまり、国民生活の繁栄それ自体が政治の目的であるというだけではなくて、ライフボート・ジレンマの状況を回避し、為政者がコミットメントの履行を迫られる事態を回避するために、経済成長は必要なのである。逆にいえば、リベラル（個人主義的自由主義）を基本思想とする民主政は、二〇世紀から二一世紀にかけてのかなり高い経済成長の時代には先進世界で普及したが、経済成長の継続という時代環境が変われば必ずしも普及し続けるとは限らない。民主政の世界的な拡大は、高い経済成長が続いた過去二〇〇年間の特別な出来事かもしれないのである。

長期経済停滞と政治思想の課題

金融危機後、需要サイドと供給サイドのさまざまな理由から世界経済の成長がこれから長期的に停滞するのではないか、という議論が経済学界で盛んになってきた。これを「長期停滞論」という。二〇一三年一一月のＩＭＦ（国際通貨基金）総会での演説で、かつて大統領経済諮問委員長を務めたハーバード大学教授ローレンス・サマーズが、米国経済は長期停滞（Secular Stagnation）に陥ったかもしれないと主張し、長期停滞論は学界で注目される研究テーマとなった。たしかに経済成長が継続的に一～二％で続いたのは、人類史上、たかだか過去二〇〇年間だけである。それ以前は、人類の経済成長はほぼゼロ％だった。いまの経済成長がこれから先も永久に続くかといわれれば、素朴にそう信じる人は少ないはずだ。単純計算すると、年率一％の経済成長でも、一〇〇〇年続けば経済の生産量（国内総生産、ＧＤＰ）は、現在の水準の二万倍になる。年率一・五％成長なら一〇〇〇年後のＧＤＰは今の水準の三〇〇万倍に、年率二％成長なら一〇〇〇年後のＧＤＰは今の四億倍になってしまうのである（この事実はトマ・ピケティの『21世紀の資本』に記載されている）。このようなことが物理的に可能であるわけがない。したがって、数百年という超長期で考えれば、いずれ経済成長は止まるはずなのだ。こうした点から考えても、二一世紀の世界で、経済成長が長期的に停滞する可能性はゼロではない。さらに、日本をはじめとして、高齢化や少子化の問題も進み、それが世代間の分配問題を生み出している。経済成長が先進諸国で低下している現状が続けば、ライフボート・ジレンマは政治のさまざまな場面で出現する。

いま、リベラリズムが再考される気運にあることは、このことと関連がある。ライフボート・ジレンマに直面すれば、リベラリズムは維持できなくなるからである。この時代に我々が直面するライフボート・ジレンマは、「国家を持続的なかたちで次世代に継承するために、現在世代は自己犠牲的な改革をすべきか」という世代間の問題である。

繰り返し論じているように、理性による論証だけでは人々に自己犠牲をなすよう説得することはできない。リベラルな政治思想では、市民が合理的かつ利己的な個人であるという前提に立って、理性による論証によって人々の了解を得ることが意思決定の基本である。全員が利益を得るプラス・サムのゲームならば、そういう意思決定が可能であるが、ライフボート・ジレンマのように

「グループのうちの誰かが犠牲にならなければならず、しかも他のメンバーは犠牲者に対して損害を補償することができない」という状況では、理性による説得も納得も実現不可能である。

近代における円環の時間

合理的で利己的な個人の心の中では、理性による論証だけからは「将来世代のために自分がなんらかの犠牲を支払う」という判断は出てこない。ディビッド・ヒュームは『人性論』の有名な一節の中で、(合理的な利己主義者は)自分の親指を失うか、それとも遠い異国が破滅するのを選ぶか、という選択に迫られれば、彼は(理性的に考察したうえで)、自分の親指を失わないために異国の多くの人々を犠牲にすることを喜んで選ぶだろう、と述べている。ヒュームの指の話は、理性が感情(価値判断)を変える力を持たないことを端的に示している。「自分の指の方が遠い異国の人々の命よりも大事だ」という感情的な価値判断が理性的考察よりも先に決まるのであり、この価値判断を所与として理性は働く。理性をいかに働かせても価値判断は覆らない。

リベラリズムが想定する方法(理性的な論証による説得)で合意できる政治的意思決定は、極めて限定されているのである。将来世代のための我々の自己犠牲も、リベラリズムが想定する理性的な議論では合意できない。現在世代が政治的コストを支払っても、その利益は将来世代が享受するのであって、現在世代はなにも得られないからである。

経済成長が低下する中で、将来世代に持続的な社会を残すことに我々の世代がコミットするためには、理性以外の力で我々自身の精神を規律付けるしかない。近代以前の世界で人々を律していたのは宗教や封建的権威や伝統文化であった。マイケル・サンデルを代表とするコミュニタリアニズムの政治思想家は、まさにこの点を突いている。国家を持続させるためには、利己的な個人が理性で合意できることだけをしている政治（リベラリズムの政治）では足りない。個人の人格を取り巻くコミュニティ（それは宗教や伝統文化の複合体である）によって、個人の価値観が形成される。人が生まれたときにコミュニティから与えられる価値観こそが、長く国家を持続させる政治の基盤となる。

近代の政治思想は、宗教と伝統文化を否定し、個人が自由に理性をはたらかせることでなんでも決定できるという理想を追求した。ところが現代の政治思想は、再び宗教や伝統文化が政治において持つ本質的な重要性に注目し始めている。近代思想は、宗教や伝統文化から離れ、そしてまたそこに回帰するという経路をたどりつつあるかのようだ。我々はまさに「円環の時間」を生きているのかもしれない。

4　サンデルの共和主義

共和主義とリベラリズム

リベラリズム（個人主義的自由主義）は、共同体全体が生き延びるために少数の個人の自己犠牲が必要になる状況（ライフボート・ジレンマ）に対処することはできない。経済成長によってライフボート・ジレンマを回避することがリベラリズムの基本戦略だった。

一方、経済成長のない近代以前の社会で、全体のための個の犠牲を実現する仕組みを提供していたのが、伝統的な文化や宗教による規律だった。これらは往々にして封建的な因習となり、個人が自由にものを考え、判断することを否定する。

ある共同体がライフボート・ジレンマに直面したときに、各個人が対等に、自由を保ちながら、自らの頭で考え、決断を下す、というかたちでこの問題に対処することは可能だろうか。マイケル・J・サンデルなら、「リベラリズムと異なった政治思想の下では、おそらくそれは可能だ」と答えるかもしれない。主著『民主政の不満』の中で、サンデルは「共和主義」の政治思想をリベラリズムと対置した。日本の文脈では、共和主義という言葉は誤解を招きやすい言葉だが、これは、王政や天皇制を廃止して共和国型の政体にすることを主張するような「共和国」主義ではない。共和主義とは、古代ギリシャなどで市民が都市国家の自己統治に参加していたことを理想とし、政治への市民参加それ自体に価値を置く政治思想である。政治権力が市民の手にありさえすれば、西欧の王政や日本の天皇制のような象徴的な君主制に反対するものではない。

サンデルは「共和主義的政治思想の中心的な考えは、自己統治にともに加わることによってこそ自由がある、というものである」という。共同体の中で、他の人々とともに、自己統治の活動に参加することによってこそ自由がある、という考え方は、サンデルも強調するように、通常我々が理解する自由（選択の自由すなわちリベラリズムの自由）とは大きく異なる。リベラリズムの自由とは、個人が他人から干渉を受けずに、財貨の購入や自己の行動を決定することができる、というあくまで一人称の自由である。一方、自己統治に「ともに」参加する自由とは、本質的に複数者の協働にかかわる複数の人間同士の関係性をあらわす概念なのである。サンデルがいう自由をここでは「自己統治の自由」と呼ぶ。自己統治の自由が目標として共有されている社会ならば、財政再建のような世代を超えた協調（すなわちライフボート・ジレンマの解決）を実現できるかもしれない。その可能性を以下の議論で検討する。

自己統治の自由とはなにか

「自己統治の自由」とは、私が理解するところでは、アーレントの「（公的）活動」に参加する自由とほぼ同義だと思われる。アーレントの「活動」とは、比較的小さな政治共同体の統治に関する意思決定の活動（政治活動）である。そこに、自分自身の意見が他の参加者と対等に尊重されるという環境の下で参加することが、「活動」への参加なのであった。サンデルがいう自己統治は、アーレントの「活動」とほぼ同じことを指している。アーレントもサンデルも、そのような自己統治への参加そのものが人間に深い喜びと充足感を与える価値すなわち善（人生の目標）であるということを当然の前提として話を進めている。

アメリカでは小さな政治共同体での住民自治の伝統が強く根付いているため、自己統治への参加が当人に喜びと充足感を与えることは経験から理解されやすい。しかし、日本の我々の感覚では、多くの人にとって、政治参加は、日常生活を乱す面倒なこと、余計な時間と労力を要すること、できるだけ避けて通りたいこと、と感じられているのではないだろうか。地方自治への市民参加や、政党の活動への参加は、ふつうの人の感覚ではかなり敷居が高い。我々が市民として政治参加するとしても、それは市民としての義務感から参加するのだ、と考えるのがふつうだろう。政治参加が喜びや充足感を与える人間の「自由」の一形態であるといわれてもあまり実感が持てない。しかし、自己統治に参加することが、それ自体として喜びであり、自己の生きる目標（のひとつ）になる、ということは、日本人の日常生活の経験に照らしても十分にあり得るのである。

国政や地方自治という「政治」の活動ではなく、もっと日常生活の活動に引き寄せて考えると、自己統治への参加がたしかに人に喜びと充足感をもたらす活動であることが分かってくる。自己統治は、あらゆる人間集団において必然的に起きることである。我々が経験する高校や大学でのクラブ活動、職場（企業の小さな部課や事業所）での業務改善の活動、社会人の趣味の会の運営など、どのような人間集団であっても統治（組織運営）は発生するのであり、その統治活動への参加の喜びは誰でも経験的に知っていることである。

たとえば学校のクラブや職場で、自分が提案したことが皆に受け入れられること。職場内で対立する意見を詳しく議論するうちに深い部分での一致点を発見し、合意が成立したときの達成感。議論を続ける中で、自分の影響で相手の考えが変わる、または、相手から新しい視点を学んで自分が考えを改める。こうしたことは、小さな同好会でも、大きな企業でも、等しく経験されることであり、人間が組織の中で時間を過ごすときの喜びや充足感の源泉である。

ちなみに、大企業などの勤め人が出世競争に邁進し、また、それをきわめて正統なことだとみなしているのも、出世競争の目的が会社の経営（すなわちその会社の自己統治）の活動に参加する自由の獲得にある、と考えると合点がいく。普通の理解では、企業での出世の目的は（金銭的報酬に加え）大きな権力を握ることだとだれもが考えるが、権力とは微妙な概念である。出世し、高い役職に就くことの充足感は、単に「自分のやりたいことを他人に邪魔されずに実現できるようになる」ということからくるのであろうか。むしろ、出世の充足感の正体は、「自己統治への参加」からくる充足感ではないだろうか。高位の役職者は、役員会や経営会議などの場（すなわち企業の先行きを左右する意思決定の場）において、他の役員と自社の将来について議論する。その中で自分の意見が尊重されて自尊心が満足し、議論を通じて他の役員との合意を形成するという達成感を味わう。このように集団としての意思決定に参画していく、という企業の「統治への参加」そのものが充足感をもたらす。それを求めて人は出世を目指すのではないか。

だとすれば、自己統治への参加から来る充足感（それがサンデルの「自己統治の自由」である）は、現代の日本人にも学校や職場での公的な経験を通じて広く知られたものだということになる。ただ、我々はそれを政治の場ではあまり経験できておらず、「自由」という言葉で言い表す習慣がなかったのである。

私たちが職場や同好会などの場で経験しているこの自己統治の自由を、公的な政治の場に引っ張り出すことが、サンデルの唱道する共和主義的政治思想であるといえる。

共和主義とライフボート・ジレンマ

自己統治の自由が、学校や職場だけではなく、国家や社会という共同体で実現されるべきものだというのがサンデルの考えである。国家レベルでの自己統治の自由が、個人が目標とすべき価値となるなら、市民は国家の存続を目標として議論し、合意し、決定をすることになる。すると財政再建のようなライフボート・ジレンマも市民個人の関心事となるだろう。

しかし、合意は簡単ではない。自己統治の自由は、共同体の将来を議論し決定する場に参加すること、にある。しかし、そこに参加する全員が、「財政破綻を起こさずに国家を子孫に存続させること」を自身の価値として共有している必然性はないからである。

一方で、そのような共通の価値がなければ、議論は収束しないであろうし、合意形成による達成感も充足感も得ることはできない。つまり、自己統治の自由を実現するためには、共通の価値または目標を、共同体の参加者が一定程度は共有していることが必要なのである。そのような共同体（国家）の共通の価値または目標は、各個人の生得の性質ではないので、共同体が各市民を教育し、その人格形成を促し、共通の価値観に導くことが必要となる。サンデルはこう論じて、自己統治の自由を実現するためには、国家による市民の人格形成が必要だ、とした。

これは賛否の議論を招くたいへん微妙な論点である。個々の市民が共同体の将来について自由に議論し、合意し、決定するためには、あらかじめ共通の価値観が必要で、その価値観を会得するための教育を共同体（政府）が市民に提供するべきだ、というのである。一歩間違えば、近代以前の封建社会やファシズムなどの全体主義を肯定しかねない議論に見える。しかし、封建制や全体主義は個人の自由な思考や議論を抑圧するのに対し、サンデルの政治思想では、共通価値の刷り込みあるいは強制は、あくまで個人対個人の自由な議論の前提条件として必要とされる。この点には大きな違いがあるといえそうである。

対比するために、リベラルな政治思想の社会で、なぜ財政再建のような世代間の協調が実現できないのかという理由をまとめておく。リベラルな社会では、共同体（国家）の存続は、市民全員に共有された価値ではない。ある人は共同体の存続を心配するが、別の人はそのような問題に関心を持たない。リベラルな社会では、なにを大事な「価値」と考えるかは、あくまで個人の選択にゆだねられている。もちろん、将来世代に健全な国家を引き継ぐという目標に異を唱える人はリベラルな社会でもほとんどいないだろう。しかし、そのことを自分個人にとっての価値（善、人生の目標）とまで真剣に考える人は多くない。そのために、政策をめぐって議論の結論が出ず、必要な対策が実行できない。このような価値観のバラツキが生まれる理由は、本能的な感情としての利他心（将来世代に向けた愛情）が人によってばらついていることである。人間は本能が壊れた動物である、と精神分析家の岸田秀はいったが、人間の価値観はあまりに多様なため、共同体による矯正がなければ、財政再建のような世代間問題について、議論の土俵を作ることも困難なのである。

自然が本能として与えた利他性の下で、現在世代が合理的に議論すれば将来世代の害となることはしないはずだ、という予定調和は成り立たないのである。

5　自由と人格形成

サンデルの自由論

「自己統治の自由」は誰でも無条件に行使できるものではなく、その共同体の中で共通の議論の土俵に乗るために、一定の共通性のある人格を形成することが必要だ、というのがサンデルの主張の眼目である。

共同体の共通の運命についての合意形成のプロセスに他のメンバーとともに参画し、実際に合意を達成する。この一連の活動から得る充足感が自己統治の自由の経験である。共同体の全体についての意思決定が自己統治であるから、その合意はすべてのメンバーの行動を制約するものになる。したがって合意形成が成功するためには、メンバーの間にある程度は共通した価値観と思考様式が共有されていることが必要である。そのような共通の価値観や思考様式は、生得の本能として人間に備わっているものではない。そこで、(政府など共同体の中の権威による) 教育や矯正によって、人々に共通の価値観を植え付けることが必要になる。

サンデルは政治という活動の大きな目標のひとつに「(市民の)人格形成」があると強調している。社会や経済の制度選択という政治決定の際に、どのような制度が「自己統治に適した人格形成」をもっとも促進するのか、が選択の判断基準になる。自己統治に適した人格とは、自分の利益を度外視して共同体全体の利益を優先的に考えるような「高潔さ」を有する人格である。たとえば経済の自由競争は、人格に与える影響を考えると、必ずしも人々の高潔さを高める制度とは言い切れない。だから、自由競争を制限してでも地域コミュニティを守ろうとする運動(チェーンストア出店反対運動など)に、サンデルは同情的なのである。

ソクラテス的人間の技能

サンデルはあまり強調していないが、合意形成を成功させる「コミュニケーションの技能」を身に付けることも人格形成の重要な要素になっていると言える。参加者が一定のコミュニケーション能力を共有することは、自己統治の活動が自発的な参加を得て自律的に続くためには重要である。合意形成を成功させるコミュニケーション能力とはどういうものか、明瞭に言葉で言い表すことは難しいが、「議論に対する前向きな心構えとはたらきかけ」とでも表現すべきかもしれない。

逆に、コミュニケーション能力の欠如がいかに議論を殺してしまうか、ということは、我々は日常生活で経験している。たとえば、会社の会議で、ものごとがなかなか決まらない、さんざん議論しても結局は原案が修正なしで採択されてしまう、ということが起きる。こうしたことが繰り返されると、議論への参加が苦痛になり、会議は形骸化し、自己統治（組織運営）に参加する充足感など感じられなくなってしまう。「自己統治の自由」が死んだ会議は、コミュニケーション技能の欠如が大きく関係している。たとえば、自分が言いたいことだけをしゃべって議論をかく乱するだけして、事態の収拾に非協力的な人。ものごとの本質と無関係な些事に極端にこだわって議論の進捗をストップさせる人。意見が対立したときに、自己の立場に固執し、大局的な観点に立った建設的な妥協案を提案できない、または、受け入れられない人々。こうした人々が多い背景には、価値観の共有が希薄だという根本問題もあるが、それ以上に、コミュニケーションの技能が訓練されていないという問題もある。合意形成の技能が高い人とは、場の空気に流されず、批判的に相手の言葉を聞くとともに、建設的な提案をする用意がある人間であり、マーサ・C・ヌスバウムが「ソクラテス的人間」と呼んでいる種類の人間である（『経済成長がすべてか？——デモクラシーが人文学を必要とする理由』）。ソクラテスは、「無知の知」で知られる通り、権威に服従せず、誰の意見に対しても合理的な批判の目を向ける人間の代名詞だが、ヌスバウムのいう「ソクラテス的人間」とは、単に批判的に既存の権威を破壊するだけではなく、大局的に自分と対話の相手の主張の双方に注意を向けて、議論を建設的に収拾する能力を持つ人を指す。そのようなソクラテス的人間を作るためには、実学志向の専門教育だけではだめで、教養を志向する幅広い人文学の教育が欠かせない、というのがヌスバウムの主張である。ヌスバウムはサンデルと違って共和主義的政治思想を信奉するわけではないが、デモクラシーを維持発展させるために、政治が行う公教育の大きな役割として、人格形成（コミュニケーション技能の形成）があるということを強調しているのである。

人格形成の退潮と手続き的共和国の興隆

サンデルは、『民主政の不満』の中で、次のように述べる。アメリカの政治は、伝統的に共和主義的色彩を強く持っていた。もともと、政治が市民の人格形成を方向づけること、政府が市民に一定の価値観を教育し、必要があれば強制すること、は当然のことと考えられていた。それが戦後の数十年の間に政治思想の大変革が起き、政治から人格形成の大望は消え、価値中立的なリベラリズムの政治が支配的となった。

サンデルによれば、二〇世紀初頭の頃までは、アメリカの政治論争においては、「いかに質の高い自己統治を実現するか」、また「優れた自己統治を実現するのに適した市民の人格形成をどのように（政府が）促進するか」という問題が中心テーマであった。しかし、人々の社会的背景も個々人の価値観も多様化する中で、政治的に一定の価値規範を市民に押し付けることは次第に困難になっていった。アメリカ市民にとってどのような価値規範を持つことが政治的に必要なのか、という論争が、あらゆる政治課題について際限なく繰り返されたが、当然、国民的な合意となる価値規範を作ることはできなくなっていった。

欧州からの移民が作った一八世紀のアメリカでは、キリスト教文化を基盤とした共通の政治的価値観を共有できた。しかし、人種のるつぼとなった二〇世紀のアメリカで同じことを求めるのは無理があった。こうしてアメリカの政治は次第に「価値」の問題から退却し、価値に対する「中立性」が政府の基本的要件となるという逆転が起きた。

これまで政府（あるいは裁判所）は、一定の価値観を市民に強制することを是としていたのに対し、いまでは「政府は個々人の価値判断に介入するべきではない、政府は価値に対して中立的であるべきだ」というリベラルな見解が支配的となった。人々が人生で追い求めるもの（個人にとっての価値または善）は、それぞれの個人が自分自身の意思で自由に選択すべきであり、政府はその選択に介入すべきではない、というのがリベラリズムの考え方である。個々人の価値に対して中立的な「手続き」にのっとって社会を調停することが政府の役割である、という考えが支配的になった。価値中立的な手続きこそが「正義」だとリベラルは考える。そのような手続き的正義が支配するアメリカを「手続き的共和国」とサンデルは批判的に呼んだのである。

サンデルは、価値や善を個人が好きなように選択できるというリベラルの概念を「負荷なき自己」と呼んで批判した。リベラリズムは、各個人が負荷なき自己を持つことを当然の前提とするが、そもそも、自己とは、（価値や善を選択する前に）自分自身だけで確固として確立している存在ではない。自分自身の選択によらず、周囲の環境から押し付けられた価値観を、サンデルは「負荷」と呼ぶ。人は負荷なき自己にはなり得ない、と彼は主張する。人は（自分自身で選択する前に）状況によって位置付けられた存在であり、自分で自由に主義主張を選ぶことができない場合が存在する。特に、共同体の「連帯の責務」を説明するときに、自分自身の選択を超える要素が入ってくる。「人格についてのリベラルの発想は、連帯の責務のような、私たちが一般的に承認している道徳的・政治的責務の全域を説明するには、あまりにも薄っぺらなものである」とサンデルはいう。

サンデルが例に挙げるのは、南北戦争の南軍の指導者ロバート・E・リーの葛藤である。リー将軍は南部諸州の連邦離脱に反対していたが、戦争が切迫すると、合衆国に対する責務よりも、自分の故郷であるヴァージニア州への連帯の責務の方を優先せざるを得ないと結論するに至った。そして南軍を率いて合衆国と戦った。リー将軍の政治的・道徳的ディレンマは、人生には自分の自由意思では選び直すことができない政治的責務というものが存在するということを雄弁に物語っている。リベラリズムの政治思想はそのような事実を説明できないのである。

また、正義が善に優先する、というリベラリズムの理念にも欺瞞がある、とサンデルはいう。「正義が善に優先する」とは、個人個人の価値観（すなわち個人にとっての善）を超越した中立的な手続きによる判断（すなわち正義）が常に存在するのであり、その手続的判断は個人の価値観よりも優先されるべきだ、という理念である。多様な価値観が共存する現代アメリカでは、社会を調停する原理として、このような理念はもっとも受け入れられやすい。しかし、価値に対して中立的な判断が常に存在する、という前提はそもそも誤っている、とサンデルはいう。

たとえば、アメリカの政治の大きな論争のテーマとして、人工中絶を選択する権利を認めるか否かという問題がある。この論争の焦点は、胎児は人間であるか否か、という価値観の違いにある。もし胎児が人間なら、人工中絶は殺人となる。胎児が人間でないならば、人工中絶は親の正当な権利となり得る。リベラルな政治思想の典型的な考え方は、「胎児が人間であるか否か、は個人の価値観なので、政府がその判断に介入すべきではない（つまり、人工中絶するべきかどうかは、当事者が判断すればよい）」というものだ。しかし、この議論はすでに「胎児は人間ではないかもしれない」という価値観に立っている、とサンデルは批判する。胎児は人間だ、と考える人からすれば、「胎児が人間か否かは個人の判断だ」という議論は、（胎児が人間ではない可能性を是認しているので）自分の価値観を真っ向から否定するものであって、価値中立的ではあり得ない。そもそも人工中絶を巡る議論で、価値中立的な判断というものは存在し得ないのだ、とサンデルは批判するのである。

南北戦争前夜の奴隷制をめぐる論争も同じ構図である。「奴隷制が悪であるか否かは、各州の判断すべきことだ」として南部と北部の対立を調停しようとする議論があったが、リンカーンはそれを否定した。「奴隷制は悪だ」と信じる者にとって、「各州が判断すべきことだ」という議論は、（奴隷制が悪でない可能性を是認しているから）自分の価値観を否定する判断であり、価値中立的ではあり得ないからだ。

リベラルな政治思想は「正義が善に優先する」というが、善（個人の価値観）から独立した価値中立的な正義は存在しない場合がある、とサンデルは反論するのである。特に、政治的に重要なテーマについて、そうなのである。

6　手続き的共和国と経済成長

リベラリズムと経済成長の親和性

リベラリズムが描く理想的な社会では、自分の生得の属性（人種、民族、宗教、出生地など）に束縛されず、古い因習や伝統にとらわれない自由な市民、すなわち、サンデルがいう「負荷なき自己」が、自分の思うままに信奉する価値観や人生の目的を選択し、それらのゴールに向かって自由に行動する。政治は個人の「善」（それぞれの価値観）の選択に介入しない。どのような価値観を持ってどのような目的を追求するかは個人の自由、というのがリベラリズムのスタンスである。個人と個人が対立した場合には、政府や裁判所は、どちらの価値観にも偏しない「中立的な手続き」によって対立を調停する。このような政治哲学がコンセンサスとなった現代アメリカのことを、サンデルは「手続き的共和国」と呼んだ。

サンデルは手続き的共和国を次のように批判する。人は、生まれ育った環境や状況によって自己を形成するため、愛郷心などの「負荷」の存在が自己形成に先行する。なにものにも束縛されない「負荷なき自己」は現実にはありえない。また、手続き的共和国が標榜する価値中立的な判断も、重要な政治テーマにおいて存在できない、とサンデルは指摘し、手続き的共和国の正義は実現できないと批判した。

本節では、リベラリズムと経済成長に本質的な親和性がある、というサンデルの指摘を紹介したい。『民主政の不満』において、サンデルはアメリカの経済政策の歴史を詳細に描写している。アメリカの産業についての政策は、二〇世紀の初頭までは、どのような産業構造を作ることがもっとも自己統治に適した人格を持つ市民の育成につながるか、という観点から議論されることが多かった。政治の責務として、個々人の価値観をある共通の価値観のもとに引き寄せることは当然のこととされた。共通の価値観とは、良き市民としての心構えを持ち、共同体への責任感と高いコミュニケーション能力を持ったアメリカ人になること、であった。市民の自治を尊ぶ共和主義的な思想の伝統がアメリカの政治には息づいていたのである。ところが、二〇世紀になり、人々の属性や価値観が多様化する中で、政府が一定の道徳的価値観を持って政策を追求する、という経済政策のスタイルは人々の支持を受けられなくなった。

リベラリズムの思想に基づく手続き的共和国は、政治が人々の価値観を誘導するというテーマから退却した。その結果、経済政策の目標として残るのは、人々が追い求めるそれぞれの価値から中立的な、「経済資源の総量の拡大」だけに限られることになった。経済資源の総量、すなわち、国内総生産（GDP）を最大にし、それを政府がどのように再配分するか、という問題が、経済政策のほとんど唯一のテーマとなった。現在の我々はこれを当然のように受け入れているが、GDPの最大化と再配分が経済政策の目的とされる状況は、リベラリズムの政治思想の隆盛と軌を一にしている。それは、第二次大戦後のアメリカと世界に特有の現象といっても過言ではない。

GDPの最大化すなわち「経済成長」と、ある程度の平等の実現を目指すGDPの再配分が経済政策の目標となったことで、価値観の優劣についての論争は棚上げされた。ひとつの価値観をアメリカ全体の共通の価値観にできない現代においては、どの価値観がもっともアメリカ人にふさわしいか（その価値観を広めるために、どのような経済構造が望ましく、したがって、どのような経済政策が求められるか）、という問いに答えはない。一方、GDPの拡大と再配分は、自己統治に適した価値観とはなにかという論争と無縁な、価値中立的な技術的な目標とみなされた。共有すべき価値観はなにか、という問いそのものを棚上げすることと、経済成長と再配分を経済政策の目標とすることは、表裏一体だったのである。

第2節で論じたように、ポーコックは経済成長をヴィルトゥ（統治者がコミットメントをする力量）の源泉であるとした。経済成長をフロンティアの拡大であるとすれば、フロンティアの拡大が続く限り、統治者は、新しい環境に対応した新しい約束を提示しつづけることができる。過去の約束は履行せずに、新しい約束の中に埋め込むことができるので、約束の不履行が露呈することはない。統治者が政治的な求心力を保つために、経済成長が続くことはたいへん好都合なのである。

それに加えて、サンデルにしたがえば、経済成長を目標とする近代経済学の経済思想（サンデルはそれを、ケインズ経済学と呼ぶ）は、リベラルな政治思想の興隆を結果的に支えることになった。大恐慌の時代にイギリスの経済学者ジョン・メイナード・ケインズが創始した新しい経済学と戦後アメリカの教科書的なケインズ経済学は必ずしも同じと言い切れないが、ケインズ経済学はリベラリズムの政治哲学と親和的であったため、戦後のアメリカで大きな支持を集めた。

ケインズ経済学では、政府の財政政策と金融政策によって、景気の変動は微調整することができ、経済全体の生産量（ＧＤＰ）をある程度はコントロールできる、と考える。ケインズ経済学の思考の対象は、最初からＧＤＰであり、ケインズ経済学の思考の枠組みの中に、自己統治や市民の人格形成という概念が入る余地はない。自己統治や人格形成が戦前までのアメリカでの経済政策論争の主要テーマであったにもかかわらず、ケインズ経済学が経済政策についての議論のあり方を決めるようになると、経済に対する政策介入は、財政金融政策に限定することが当然とされるようになった。自己統治や人格形成は経済政策論争のテーマから誰にも気づかれないままに姿を消したのである。

こうして、経済では価値中立的に経済成長を追求し、政治では個人主義的自由主義のリベラリズムの政治思想をコンセンサスにする、という「経済成長＋リベラリズム」のパッケージが完成した。

民主政の不満と成長の限界

政治が価値観の問題から撤退し、中立的なリベラリズムが支配的になるにつれて、人々の中に「自分の運命を自分でコントロールできていない」という不満が大きくなっていったとサンデルはいう。国や身近なコミュニティの自己統治において、誰からも必要とされず、自分の役割を見出せず、自分にはどうすることもできない大きな力に押し流されている、と感じる人々が増えている。それは、アーレントが「見捨てられた人々」と呼んだ人間の在り方であり、ドナルド・トランプ大統領が二〇一六年の大統領選を通じて訴えてきた「忘れられた人々」のことだといえる。サンデルは、価値観の問題から意図的に退却したリベラリズムの政治思想では、このような人々を救うことができないと批判するのである。

こうした民主政への不満が、トランプ大統領の勝利をもたらし、リベラリズムの政治思想を持つ主流派の否定につながったといえる。一九九六年に出版された『民主政の不満』でのサンデルの問題提起が、二〇一六年の現実のアメリカ政治の動きによって実証されてしまった、といってもよいだろう。しかし、もともとのサンデルの議論は、必ずしも「経済成長＋リベラリズム」のパッケージが破綻することまでは予想していなかった。見捨てられた人々、忘れられた人々の政治への不満は、経済成長によるパイの拡大によってある程度は解消されてきたのであり、サンデルもそれが続くと考えていただろう。しかし、経済成長が続いても、その配分において許容できない格差が拡大し続けた。成長の恩恵にあずかれず、所得が低下した膨大な数の人々の不満が、おそらくサンデルの予想を超えて高まり、トランプ大統領の誕生につながったのである。

アメリカでは、所得の再配分がうまくいかず、格差が拡大し続けたことが、「経済成長＋リベラリズム」の公式を揺るがせたが、日本では別の問題がこの公式を危うくしている。それは、リベラリズムすなわち個人主義的自由主義が広がることによって、公的債務の膨張に対処するための政策を決定できず、その状況が経済成長を阻害してしまう、という現象である。経済成長が低下すれば、それは人々の間にリベラリズムへの不満を掻き立てる。リベラリズムが広まった結果、経済成長が阻害され、そのためリベラリズムの存立基盤が脅かされる、という構図である。公的債務の増加を抑制するためには、現在世代が将来世代のために自己犠牲的な政策（増税や社会保障給付の削減など）を実行しなければならない。しかし、リベラリズムの政治思想が支配的になる中で、自己統治や次世代のための自己犠牲の意識は希薄になり、いますぐにコストや痛みが出る政策を政治選択することができなくなっている。サンデルがいう共和主義的な政治思想が広く有権者に共有されていたとしたら、将来世代のための自己犠牲的な政策はスムーズに合意されたかもしれない。しかしリベラリズムの哲学の下では、他人のための自己犠牲を有権者に強いる理屈はない。政治選択は麻痺し、公的債務は膨張し続け、人々の将来不安を高めて、経済成長は低下する。

リベラリズムは、個人を自由にすることと引き換えに、個人からあらかじめ決められた「居場所」（共同体）を奪い、忘れられた人々を作り出す。忘れられた人々の不満をなだめ、リベラリズムへの支持をとりつけるのが経済成長の役割だったので「経済成長＋リベラリズム」が政治経済システムの世界共通の公式となったが、この公式の内部矛盾があらわになりつつある。リベラリズムの政治思想が公的債務などの問題解決を困難にし、経済成長を阻害するからである。

「経済成長＋リベラリズム」という公式パッケージは、格差の拡大による不満と、公的債務問題による経済成長の低下によって脅かされている。また、日本や他の先進国で公的債務の膨張を招いている大きな原因は社会保障制度の充実だが、歴史的に見れば、社会保障制度は、市場経済における格差の拡大を緩和するための政策であった。リベラリズムの政治思想を維持するための格差緩和策（社会保障制度）が、長期的には公的債務の膨張を招き、その解決をリベラリズムの思想が阻害しているために、経済成長が低下し、結果として、リベラリズムの政治制度の持続が脅かされている。こうすると、「経済成長＋リベラリズム」のパッケージは、自分の重みに耐えきれずに自壊への道をたどりつつあるように見えるのである。

あるいは、アリストテレスの「円環の時間」のように、リベラリズムの政治制度は、定期的に崩壊し、時を経て再生される、というサイクルを辿るのかもしれない。そのようなサイクルから脱するためのサンデルの処方箋は、共和主義の政治思想への回帰であるが、現代のグローバル化した経済社会の中で、共和主義がどのように可能なのか明確なビジョンはない。その手探りの試みが、トランプ政権の誕生に代表されるポピュリズムと反グローバリズムのうねりなのかもしれない。

7　市場経済と格差

自壊するリベラリズム　アメリカの、そして先進諸国の標準モデルである「経済成長＋リベラリズム」の政治経済システムは、それが成功するにつれて人々の心に「民主政への不満」を沈殿させると、サンデルは論じた。

人は、リベラルな社会で、市場経済の歯車のひとつになる。そして、自分で自分の運命を支配できない、社会から忘れられ見捨てられている、という感覚を強く持つようになる。経済成長によって所得の向上が続けば、かろうじてそうした感覚を忘れることはできる。それでも民主政への不満は高じていくとサンデルは論じたが、トランプ政権の誕生で、その不満が現実に政治を動かすことが証明された。長期的に所得格差が拡大し、固定化されるようになったため、国全体の経済成長では人々の不満が解消できなくなったのである。経済成長が不満の緩和剤の役割を果たせなくなったときに、「経済成長＋リベラリズム」という政治コンセンサスは維持できなくなる。

二〇一六年に世界で起きたリベラルな政治への反動（イギリスの国民投票によるEU離脱決定と、アメリカでのトランプ大統領の勝利）は、所得格差の拡大が現実に大きな政治的なムーブメントを引き起こし、自由な市場経済システムの基礎となる制度体系を脅かしかねないことを示した。しかもそれが、高い経済成長を享受しているアメリカとイギリスという市場経済の成功モデルの国で起きたことは衝撃的である。

これまで、ピケティの『21世紀の資本』などの著作において、国内外で所得格差の拡大は大きな議論の的となってきた。格差拡大は市場経済が本質的に抱える悪しき性質であるという人は多いが、しかし、格差の拡大が市場経済システムの根幹ともいえるリベラルな政治思想を揺るがすことまでは明示的に想定していなかった論者が多かったのではないだろうか。ところが、二〇一六年以降の欧米の政治においては、リベラルな政治への反発がシステム全体を変容させつつある。もし格差拡大が市場経済の本質なら、市場経済が発展することは必然的に格差を拡大させ、その結果として、市場経済の基礎となる政治制度が毀損される、ということになる。「経済成長＋リベラリズム」という政治経済思想のパッケージは、自壊の種を宿し、持続可能ではない、ということだろうか。

格差拡大の要因は市場に内在するか

政府債務の膨張という世代間のライフボート・ジレンマを引き起こす要因は社会保障制度の充実と高齢化だった。その社会保障制度が作られた理由は、所得格差の拡大による生活水準の差を緩和することであった。格差拡大が市場経済の宿命なら、その宿命をなんとか緩和しようとした社会保障制度が、市場経済が解決できない別の問題（財政問題という世代間のライフボート・ジレンマ）を作り出した、ということになる。

所得格差の拡大を是正する政策はそれほどに難しいことなのだろうか。その評価は、格差拡大がどこまで市場経済システムの本質に根差した問題なのか、によって決まってくる。

一般に流布しているイメージは、一部のヘッジファンドの投資家や米国のプロ経営者たちが巨額の報酬を得ている一方で、普通の人々の賃金は伸びない、というものである。これが真実なら、一部の大金持ちをターゲットにした規制や政策を導入することで問題は解決できそうに思える。たとえば、税の累進性を高め、低所得者への補助金を増やすことで、ファンドや経営者の所得を引き下げれば格差を解決できそうに見える。困難かもしれないが、政治的意志さえあればできないことはない、と思えるだろう（ピケティやその他の格差論者は読者にまさにそう考えさせ、そのような規制や政策の導入を推奨している）。

ところが、格差拡大は、もっと経済のダイナミクスに内在したものではないかという疑いが強まっている。もしそうなら、単純な規制や政策では、簡単には格差は消せないということになる。そのような事実を示唆する研究として、ミネソタ大学のファティ・グヴェナン教授がアメリカ合衆国全土の税務データを使って行っている「所得格差と所得リスク」プロジェクトの一連の研究がある。アメリカの全国民を網羅的に調べたこの研究では、所得格差の原因について従来と異なる見方が提示されている。簡単にいうと、一部の超エリート経営者が問題なのではなく、普通の人々の間でも格差が広がり続けている、ということが示されたのである。

アメリカ経済のどの産業分野においても、大企業においても、中小企業においても、所得の格差が広がっている。どの産業でも、また、どのサイズの企業で見ても、企業間の業績格差が広がり、その結果、それらの企業で働く人々の所得格差が広がっているのである。ひとつの企業の中の経営者と平社員の格差は、あまり広がっていない（ごく一部の例外はあるが）。むしろ広がっているのは、勝ち組になった企業と負け組になった企業との間の格差なのだ。勝ち組と負け組の格差が、あらゆる産業分野、また、あらゆる大きさの企業同士で広がっている。グヴェナンは、すべての階層において格差が拡大しているということを「格差はフラクタル（自己相似形）の性質を持つ」と表現している。フラクタルとは、企業のサイズによらず、大きさだけ変えた相似形のようなかたちで格差拡大が観測されるということである。

これまで経済学者は、企業が受け取る「幸運」と「不運」は、各企業にだいたい平等にやってくるから、企業間の勝敗の影響は、時間が経てば次の運・不運によって打ち消され、格差はそれほど拡大しないだろう、と楽観的に考えてきた。ところがグヴェナンの研究が示した現実は違った。競争の結果すなわち企業の勝敗は、固定化し、広がっていく。

このような格差の拡大を説明することは標準的な経済学の競争モデルでは難しい。経済学において競争とは単なる価格競争を指すからである。データが示す格差拡大を説明するためには、価格競争と異なるタイプの競争が起きていると考える必要がある。ひとつの仮説は、「市場支配力」をめぐる競争である。

「市場支配力」をめぐる競争とは、たとえば次のような競争である。企業間の競争に勝った企業はより大きくなり、負けた企業は倒産などのかたちで市場から退出する。生き残った企業が減るので、勝った企業の市場支配力は強くなり、それが、次の競争でも勝ち残る可能性を高める。ギリギリで生き残った企業は市場支配力を弱めるので、企業間の格差が広がっていく。

もし、企業間競争が価格競争ならば、市場システムは安定したものになる。しかし、もし企業が市場支配力をめぐって競争するのならば、格差が長期的に拡大し、その結果、格差による不満の爆発という政治的な「外部不経済効果（経済活動が公害のように第三者に害を及ぼす効果）」が発生する。つまり、市場経済システムの持つ本質として、競争が進むと、（人々の政治的な反応によって）市場経済の枠組みの根幹が毀損する、という自己破壊的な性質があることになる。

市場経済の安定化装置としての人格形成

市場競争には自己破壊的な性質があるかもしれない、という洞察はきわめて重要である。サンデルによれば、自己統治に適した人格形成を促進する経済政策を、共和主義の政治思想は追求した。弱肉強食の市場競争が、政治的不満の爆発を通じて、市場システムを支える制度を毀損するというのであれば、サンデルが主張する人格形成を促す政治は、市場システムを安定化させる意味でも、重要な役割があることになる。

いままでの議論からいえることは、市場経済システムが政治的に安定するためには、次のいずれかひとつが必要だということである。

①人々が市場社会の中で、「忘れられている」と感じないこと。または、
②フラクタル的な所得格差の拡大が解消されること。

このうち、第一の方向は、サンデルが目指している方向性である。人々が主体的に共同体の統治に参加することによって、生きる充足感（すなわち「自己統治の自由」の経験）を得るということである。市民の人格形成を目指した政治は、人々が自己統治の活動に参加するために必要であった。サンデルが暗に主張するように、人格形成と自己統治を主目的とする共和主義を現代のアメリカにおいて再興できれば、市場経済システムと民主政はもっと安定したものになるはずである。しかし、共和主義を再興する具体的な道筋は明らかではない。

第二の方向は、必ずしも共和主義ほどは直接に市民の人格形成に政治がかかわることを求めていない。人は市場経済において「忘れられた」存在のままかもしれないが、フラクタル的な格差が解消すれば、少なくとも経済的豊かさが向上するということは信じることができる。「忘れられた人々」の不満は、経済的豊かさによって再び緩和されるだろう。第二の方向が示すのはそのような社会像である。市場社会のあらゆる階層で格差が広がるフラクタル的格差拡大を是正するには、政府による税と補助金による再配分政策だけでは十分ではないかもしれない。自己統治のための人格形成ほどは強い政治介入は必要とされないが、利潤追求に対してある程度は抑制的な行動規範の普

及が必要となるのではないだろうか。人々の利潤追求を内面的な行動規範で抑制することができれば、勝敗の過酷さは薄れ、「敗者復活戦」が盛んになり、それぞれの階層での格差拡大も緩和される。

現代の市場経済において、利潤追求を抑制する行動規範とは、企業の社会的責任への理解から生まれるのかもしれない。現在、株式投資の世界では、社会的責任を重視する企業に対する投資（社会的責任投資）が盛んに議論されるようになってきた。とりわけ、ＥＳＧ投資すなわち環境（Ecology）への意識が高い企業、地域社会（Society）への取り組みが進んでいる企業、適正な企業統治（Governance）の仕組みを持っている企業への投資が注目されている。企業経営者は、投資家のこうした動向を無視できないので、利潤追求を抑制する方向に経営を変化させる。

企業に社会的責任を求める市民や投資家の動機は、経済的利益を超えた政治的な意志である。このことは市場システムにおける人間の役割について、ある意味で希望をもたらす。市場が自己完結した安定した存在なら、人間は市場の歯車のような存在になることしかできない。しかし、実際には、人間が政治的な意志を持って市場の動きを是正しなければ市場は格差をフラクタル的に拡大させ、政治的に不安定になっていく。逆に、ＥＳＧ投資の実践のような主体的な政治的意志を持った働きかけによって、人間は市場の性質を変え、フラクタル的な格差の拡大を抑止できるのかもしれないのである。

そうだとすれば、人間は市場の歯車ではなく、ともすれば自壊へと傾く市場経済システムを守り育てるという政治的かつ主体的な役割を担っているといえることになる。

第五章　仮想将来世代と新しい社会契約

リベラルな政治哲学（ロールズ）では、人間の人格は変化しないことが議論の前提だが、共同体を重視する政治哲学（サンデルの共和主義）では、人間の人格形成が重要な政策上のテーマであった。アダム・スミスも、共感の作用によって道徳感情の基準——内なる公平な観察者——が形成されると し、人々の相互作用による人格形成の過程に注目した。本章では、世代間のライフボート・ジレンマへの解決策として共感の作用を活用する政策手法を論じ、そのような措置を講じることがロールズのリベラルな政治哲学の枠組みの中で肯定され得ることを示す。

人間は完全に利己的ではなく、弱い利他性を持っている。共感の作用を活用すれば、将来世代に対する利他性を、現在世代の人々の間の共感によって強化することができるはずだ。将来世代の利益を代表することを職務とする公的機関（これを西條辰義に倣って「仮想将来世代」と呼ぶ）を創設すれば、その構成員たちは、世間一般からの共感や構成員相互の共感によって、将来世代の利益擁護の意思を強めるだろう。これは一種のロール・プレイと同じだが、将来世代の役割を与えられると、周囲からも期待され、期待に応えようとして自分自身も将来世代になりきってしまうということである。そういう組織が実際に設置されれば、その構成員は（共感によって強化された利他性から）将来世代の利益を守ろうとして、実際に現在世代の政策決定に影響を与えるだろう。

また、将来世代の利益に強く関係する政策決定についての国会内の議決を「記名投票」にすることも有効だと思われる。記名投票にすれば、議員は世間からの評判を気にして、あからさまに将来世代の不利益になる意思決定はできなくなる。逆に世間や後世からの称賛を期待して、議員はもっと将来世代の利益に配慮した政策決定をするようになるだろう。これも共感の作用によって生じる政治的な力である。

政府機関の構成員や国会議員の意思決定を共感の作用によって変化させることは、一種の人格形成であるが、あくまで統治者サイドの一部の人間に限定される。サンデルの共和主義の思想のように国民全般の人格形成を方向付けようとするものとは異なる点に注意が必要である。

次に、仮想将来世代の創設や記名投票の導入が、新しい社会契約として、ロールズの枠組みで正当化されることを示す。原初状態において、人々は、自分たちが弱い世代間利他性を持っており、それが共感の作用によって強化され得る、ということを知っている。ロールズの格差原理によると、人々は原初状態で「公正な貯蓄」に合意するが、いまの民主政の仕組みのままでは、人々の利己性のために事後的にその合意は破られてしまう（時間不整合性の問題）。一方で人々は、仮想将来世代の創設や記名投票が現在世代の利己的な政策決定を抑制し、公正な貯蓄に近いものを実現すると知っている。したがって、仮想将来世代の創設などによって時間不整合性の問題を緩和することに、原初状態の人々は合意する。こうして新しい社会契約として仮想将来世代の創設などが合意される。

このようにして、ロールズのリベラルな政治哲学において、共感の作用を利用した仮装将来世代の政府機関の創設が、いわば民主政の補正として是認される。こうした「社会契約の結びなおし」が必要なのは、世代間のライフボート・ジレンマという問題がごく最近になって政策課題となったからである。民主主義の草創期には、世代間の問題は政治課題ではなかったので、仮想将来世代の機関などは政府機構として必要とされなかったのである。

最後に、市場メカニズムで将来世代の利益を図る方法として、「森林本位制」という貨幣制度のアイデアを述べる。金本位制の下では、人々はコストをかけて金の採掘を行う。同様に、森林（の所有権）が本位貨幣と定められた貨幣制度の下では、利己的な人々はコストをかけて貨幣（つまり森林）を増やす活動（植林など）を行う。これは将来世代のための温暖化対策になっている。

1　人間の両義性——自愛と共感

財政問題や環境問題などは、現在世代が（見返りを求めずに）痛みを伴う改革をおこなえば将来世代が改革の利益を得る、という世代間のライフボート・ジレンマの構造を持つ。これまでは、その解決のためのヒントをいくつかの政治哲学・思想に探った。本章では、政府機構の制度改革などによる解決の可能性について考え、それを新しい社会契約論として構想してみたい。

世代間問題の例示——コミットメントと利他心

世代間のライフボート・ジレンマ問題を、財政で例示する（図3を参照）。親世代と子世代が、それぞれ現役期と老年期を生きる。親世代の現役期には子世代は（成人としては）まだ存在せず、親世代の老年期に子世代は現役期を迎える。さらに、親世代が死亡したあとに、子世代は老年期を迎える。問題の構造は「親世代が現役期に一〇のコストをかけて財政再建をすれば、子世代は老年期に二〇の利益（財政破綻の回避）を得る」ということである。

トータルの財政再建の利益は差し引き一〇となるから財政再建は親世代と子世代の両方にとってメリットがある（金利はゼロとする）。しかし、親世代が利己的なら、一〇のコストをかけて財政再建しても自分に利益はないので、財政再建をおこなわない。簡単な解決策は「親世代が財政再建をおこなった後で、子世代が現役のときに（そのとき親世代は老年期にある）、親世代に対して一五の所得移転をおこなう」ことである。こうすれば、親世代は五（＝一五－一〇）の利益、子世代も五（＝二〇－一五）の利益を得る。

しかし、両世代が利己的なら、この解決策は実現不可能だ。なぜなら、子世代は、親世代が財政再建をした「あと」で親世代に一五をお礼として支払うという約束をするわけだが、そのような約束を守るメリットはないからである。財政再建が行われれば、子世代はなにもしなくても二〇の利益を得るので、子世代が利己的なら、親世代になにも払わないのが最適選択だ。親世代も、「自分が財政再建しても、子世代はお礼を払わない」と合理的に予想する。そのため親世代が利己的なら財政再建は実行しない。結局、親世代が「見返りを求めずに自己犠牲を払う」という選択をしない限り財政再建は実行されない。これが「世代間のライフボート・ジレンマ」である。この財政再建の例において、ライフボート・ジレンマが生み出された原因は、次の二点である。

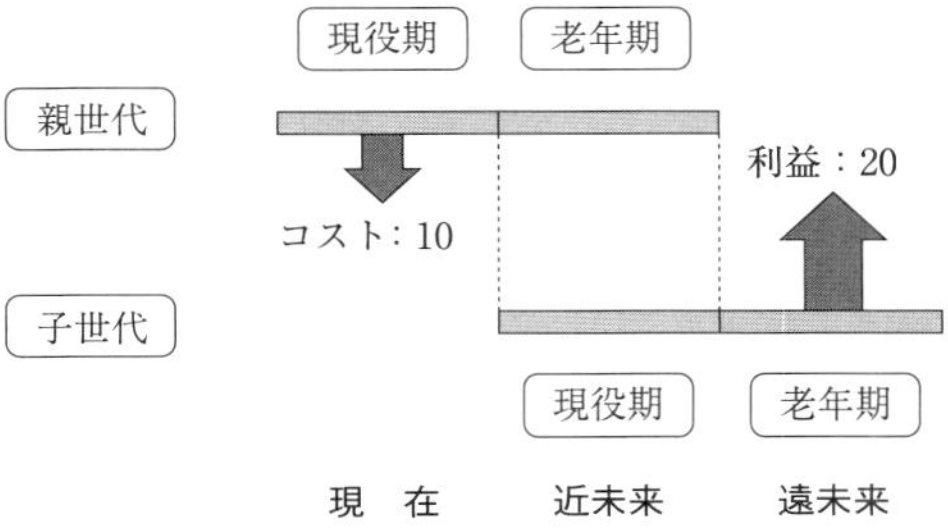

図３　「財政再建」の模式図

①子世代からの事後的なお礼の支払いという約束履行を担保する

ことが（技術的に）できないこと。これを「コミットメントの欠如」という。

②親世代も子世代も双方に対する「利他性」を持っていないこと。

このうち、①のコミットメントの欠如は物理的な条件（財政再建を実行するときには子世代は存在せず、財政再建の利益が発生するときには、親世代が存在しない）によって決まることなので変えることは不可能である。では②の世代間の利他性を高めることは可能なのだろうか。なんらかの新しい政治哲学、たとえばサンデル*がいう共和主義の思想が人々に共有されれば将来世代への利他性を高められるかもしれないが、古代ギリシャ的な共和主義を現代に復活させるのは、簡単なことではない。

人間は、波でもあり粒子でもある

人間の自我の可塑性に着目し、人間の「利他性」を高める制度的な工夫を考察してみたい。人間は自分の内面の目的（それを経済学では「効用関数」あるいは「選好」という）の値をできるかぎり合理的に最大化しようとする。「人間はあらかじめ固定された自己を持ち、自己の目的を最大化する」というのは経済学の前提であり、現代の民主主義を支える個人主義的自由主義の政治思想も同じ人間観を共有している。

経済学では、人間の経済活動の目的である効用関数は自己の消費と労働から決まるあらかじめ確定された関数だと仮定している。しかし、これを疑う必要がある。人間の効用関数は、自身の経験や他者との交流によって、変化するのではないか。

あえて比喩的表現を使うとすれば、人間は、量子力学における量子（すなわちあるときには粒子であり別のときには波でもあるような存在）に似た性質を持つと言える。人間は「粒子」、すなわち、事前に確定された自己の効用関数を最大化するマシンとして行動する場合もある。一方で人間は「波」、すなわち、他の人間と干渉しあって自己の効用関数が事後的に定まるような存在でもある。

標準的な経済学やロールズのリベラルな政治思想では、自己の効用関数がどのように形成されるかという問題は問われず、それは事前に確定した天与のものと想定される。サンデルはロールズのこの人間観を「負荷なき自己」と呼び、そのような人間は存在しないと批判した。人は自分が生まれ育ったコミュニティで周囲の人々の影響を受けて事後的に自己を形成する、とサンデルは論じた。

アダム・スミスは『国富論』の中で、人々の自愛心（利己心）を強調した。自愛心は利己的で合理的な経済行動を生み出す。人間が自愛心だけを持つなら、人は利己的な「粒子」のような存在だということになる。一方、アダム・スミスは『道徳感情論』で、人間が他の人間に対して「共感」する本性があることを重視している。他人に共感する、あるいは逆に反感を持つ、ということは、他人の行為に対する承認または否認の意思表明である。共感（反感）の対象者から見れば、人から共

＊なお、コミットメントの欠如と財政問題の関連については、『財政と民主主義』所収の論考において詳しく論じた。

感を受けると大きな満足を感じ、反感を受けると大きな不効用を感じる。厳密にいえば、現実に共感されているかどうか、は必ずしも問題ではなくて、当人が「他の人々から共感・承認されている」と感じることで効用が得られる。これは最近の日本の会社や学校での人間関係についてよく話題に上る「承認欲求」の問題の原型である。

共感または承認によって人々が相互干渉することにより、個人の頭の中に道徳の基準となる「内なる公平な観察者」が形成される。これが『道徳感情論』の有名な議論だが、このことはまさに、共感によって自己の「効用関数」のかたちが変わる、ということに他ならない。言い換えれば、人間は自愛心を持つ粒子であると同時に、共感によって相互干渉する波でもある。

社会設計者の立場で、将来世代への利他性を高めるという目標を考えると、この共感を制度設計に活用するという発想が浮かぶ。共感の機制を手段として活用し、人々の効用関数のかたちを変えて、将来世代への利他心を高めることはできないか。アダム・スミスの共感や公平な観察者については経済思想史の研究に膨大な文献があり、人々の社会的な相互作用で効用関数が変化することについてもソーシャル・エコノミクス（社会経済学）に多くの研究蓄積がある。だが、将来世代への利他性を高めるために最適な制度設計はなにか、という問題の立て方は、筆者の知る限り、これまで考えられていなかった。

「『将来世代のために財政再建に賛成する』という行為が人々の共感を得る」ならば、たとえ財政再建は自分の世代にとってコストが大きいと分かっていても、財政再建に反対しにくくなる（自分の「賛成／反対」が他人に見える、ということが前提である）。将来世代の利益を擁護する行為が人々の共感を得るなら、利己的な我々も同世代の人々から共感を得たいがために、財政再建に賛成する。

ロール・プレイと記名投票

では、次の問題は、将来世代の利益擁護の行為（ここでは財政再建への賛成）が、同時代の人々の共感に結びつく環境を作るためにはどのような制度を整えればいいか、ということである。次節で詳しく論じるが、キーワードは「ロール・プレイ」と「記名投票」である。

ひとつ目の「ロール・プレイ」が関係するのは、「将来世代の利益擁護を自分の『役割（ロール）』として与えられた人は、職責を果たそうとして、自然と将来世代になり切って活動するようになる」という仮説である。財政問題については、かねてから将来世代の利益代表となる組織を設立するべきだという提案がなされてきた。政治の影響を受けにくい中立的な機関として、世代間公平委員会や長期財政予測機関を設立すべきだという意見である。次節で紹介するフューチャー・デザインの研究グループは「将来省」の設置という提案をしている。これらの中立的な公的機関が機能する理由は、その組織のメンバーが、共感の作用によってモチベーションを高め、本気で将来世代になり代わって現在の政策を評価するようになると期待されるからである。

二つ目の「記名投票」が関係するのは、「将来世代の利益擁護に対して賛否の投票をするときに、記名投票にすると反対をしにくくなる」というメカニズムである。ほぼすべての選挙が匿名でおこなわれる現代民主主義の社会では、政治的な選好の表明（すなわち投票）は人々の共感や反感の対象にならない。しかし、将来世代と現在世代に関係する大きな政治決定について、あえて「記名投票」を導入すれば、他者からの承認を意識して、人々の投票行動は変わるだろう。

最後に、図3の数値例に戻ろう。共感の作用を通じて、人々の利他心を高められれば「親世代が現役期に一〇のコストをかけて財政再建すれば、子世代が老年期に二〇の利益を得る」という財政再建の問題はシンプルに解決される。「財政再建に賛成する」という行動が、同世代の他者から承認を得られる制度環境では、人は消費から得られる効用に加えて、財政再建に賛成すれば「共感・承認」を受け、その分の効用を得る。財政再建することで現在世代の消費は一〇減っても、財政再建に賛成することで現在世代の人々はお互いの共感・承認による効用を得る。それが一一ならば、差し引き一（＝一一－一〇）の効用増となるため、現在世代は財政再建を選択する。

適切な制度設計で「将来世代の利益擁護」という行動に対する現在世代の人同士の共感を高めることができれば、現在世代の人々の選択を変え、世代間問題を解決することができる。

2　共感の作用による世代間問題へのアプローチ

フューチャー・デザイン——「仮想将来世代」の創設

人間が追求する目標が、事前に確定したなんらかの関数（効用関数）として遺伝子レベルでプログラムされているのだとしたら、将来世代への利他性を高めることはできない。だが実際は、人間の効用関数は可塑的なものである。二〇〇年以上前にアダム・スミスが指摘したように、人は共感の作用によって効用関数のかたちを変化させる。スミスが『道徳感情論』で論じた「内なる公平な観察者」の成立がまさに他者から受けた共感を内面化する機制であり、効用関数のかたちを事後に決定するメカニズムといってよい。

人間の遺伝子レベルで決まる「生物としての利他性」は変化させられないが、制度環境を整えることによって共感の作用の仕方を変えれば、人は他者からの共感を得ようとしてより利他的な行動を選好するようになるので、「社会生活における利他性」を高められる。つまり、共感の作用によって、自己の意識上の効用関数をより利他的なものに変えられるはずで、そのための制度設計を考えたいのである。

我々の議論のフレームワークをまとめると次のようになる。

人間は、将来世代に対する一定の利他性を生物学的な性質として持っている（その度合いを変えることはできないが)。したがって、他人が将来世代の利益擁護をするのを見れば、ある程度は共感を覚える。また他人から共感を受ければ自分の効用が高まるので、共感されることを目的に将来世代の利益擁護の行為をおこなうこともある。この共感を強める制度的工夫を凝らすことで、政治を、将来世代の利益擁護を強める方向(すなわち将来世代への利他性を強める方向)に変えていくことを考える。キーワードは「ロール・プレイ」と「記名投票」である。

「ロール・プレイ」が自己の意識に及ぼす影響は大きい。人が、自分に与えられた「立場」や「役割」によって判断や選好を変えることは、日本のサラリーマンなら日常的に経験する事実である。多くの場合において、組織人の立場での判断は、個人の立場での判断とは異なる。しかし、組織の中での役割に合わせて思考する経験を積み重ねるにつれて、個人の信条や信念も徐々に変化し、組織人としての信条や信念と一致(または漸近)するようになる。

このような現象も、共感の作用で説明できる。会社などの組織の中では、当人が与えられた職責を十全に果たすことが周囲から当然のこととして期待されている。周囲から期待された役割を果たすことによって、当人は周囲にいる多くの人々から、共感・承認・賞賛を得ることができる。共感を得ることで当人の効用が高まることを考えれば、当人の頭の中の「内面の公平な観察者」が組織の利益に合わせた判断をするようになることも理解できる。人は、割り当てられた役割を内面化する方向に、自分の選好を変えるのである。もちろん、共感を持ち出すまでもなく、職責を果たすことで昇給や出世という物質的な利益が得られるので、それが当人の表向きの判断や行動に影響を与えることは当然である。しかし、物質的な利益だけなら個人としての判断は変化しないが、実際には、当人の倫理的な判断も、会社から与えられた役割によって変化する。それには共感の作用が関わっている。また、与えられた役割が個人の倫理観も変えるという事実は、制度設計次第では将来世代に対する我々の利他性を高められるかもしれない、ということを示唆しているのである。

それを例証するのが、フューチャー・デザインの仮想将来世代の社会実験である。高知工科大学フューチャー・デザイン研究所長の西條辰義教授は、「現在の意思決定が将来世代に多大な影響を及ぼすような問題について、（中略）現世代の中に将来世代のことのみを考える集団を構築し、その集団と交渉するような枠組み」を構想し、その集団を「将来省」と名付けた（『フューチャー・デザイン――七世代先を見据えた社会』）。西條は、将来省が七世代先の世代の利益を代表して現世代の政策決定のプロセスに対して介入するという新しい行政制度を提案している。このフューチャー・デザインの研究プロジェクトに関連して、大阪大学の原圭史郎准教授は、岩手県矢巾町《やはばちょう》で二〇六〇年の町のビジョンづくりを住民討論によっておこなう実験を実施した。この実験では、住民を「現世代グループ」と「将来世代グループ」に分け、将来世代グループは明確に将来世代の代弁者という役割を与えられたうえで議論に参加した。その結果、二つのグループは異なる優先順位や課題設定を示したのだという。具体的には、現世代グループは現状における制約下での課題解決やニーズの充足を重視し、現状からの延長線上で将来を構想するのに対して、将来世代グループは地域の長所の長期的な伸長を目指し、現状の制約を度外視して、未来世代の利益を重視する姿勢を示したのである。

将来世代グループは、実際に将来世代の立場に立って全体の政策の議論に影響を与えたわけである。この手法を使えば地方自治の意思決定を将来世代の利益に配慮したものに変えられるかもしれない、ということをフューチャー・デザインの実験は示唆している。

将来世代の代表（仮想将来世代）を、恒常的な機関として政府に設置することも、国レベルの政治的意思決定を変えるためには有効であろう。ただし、「将来省」を各府省庁と同格の省として行政組織の中に設置することがいいのか、それとも財政分野で主張されている中立的長期財政予測機関のように、政治から独立した中立機関とするべきなのか、あるいは、立法府（議会）の中に一定の定員数の「将来世代代表」議員グループを設置するべきなのか、というような組織設計の詳細については、多面的な議論によって詰める必要がある。

少なくとも次のことはいえる。「仮想将来世代」の役割を担う恒常的な人間集団が創設され、適切な組織ガバナンスの仕組みが導入されれば、そのメンバーの選好は共感の原理によってかたちを変え、実際に将来世代の利益を強く擁護する行動をとるようになるだろう、ということである。

記名投票とハイエク的議会改革

財政の持続性や地球温暖化問題のような世代を超えた政策課題についての政治的決定は、最終的に投票行動で決めるしかない。その投票が匿名投票ではなく、記名投票であれば、自分の政治的選好が人々に見え、自分の選択が人々から共感（反感）を受ける、あるいは、承認（否認）されることになる。人間は生物学的に、将来世代への利他性を持っているので、将来世代の利益擁護の行動に対して、人は（ある程度）共感する。したがって記名投票の環境で、自分の投票先が人々に見える場合には、将来世代の利益擁護に賛成票を投じれば多くの人々から大きな共感を得ることになる。したがって、記名投票を導入すれば、共感の作用（または反感のプレッシャー）から、匿名投票の場合よりも、もっと財政問題や環境問題について将来世代に配慮した意思決定がされると容易に想像できる。

もちろん一般的には、個人の政治的自由を確保するために、政治的な投票は匿名投票が原則である。記名投票だと、地元の権力者や大企業などから個人に投票先を強制する不当な圧力がかけられて、自由意思での投票ができなくなる恐れがあるからだ。また財政や環境について有権者が国民投票のような直接選挙をおこなうと、イギリスのＥＵ離脱決定のように、有権者が一時的な感情に流されて不合理な投票結果を決めてしまう場合がある。

将来世代への利他性を高めるという記名投票のメリットを生かしつつ、個人の政治的自由を守り、また、感情的なポピュリズムに流されないようにするためには、記名投票／匿名投票と、ハイエク的な議会改革を組み合わせた制度設計が必要だと思われる。ハイエクは議会が決めるべき法をノモス（万人が従うべき一般ルール）とテシス（特定の資源の再配分の指令）に分離し、ノモス制定議会とテシス制定議会を別個に作るべきだと主張した。ノモスは、たとえば刑法、民法などであり、テシスは、たとえば公共事業、補助金の交付決定などのことである。ハイエクは同じ議員たちがノモスとテシスを両方とも決めるから政治の腐敗が起きると論じた（第三章第2節参照）。ハイエクの議会改革論を日本に当てはめると、衆議院を予算や補助金などの行政管理に徹するようにしてテシス制定議会とし、参議院を一〇〇人程度の賢人会議に変質させてノモス制定議会とするべきだ、ということになる。財政再建など、将来世代と現在世代との間の資源配分は、万人に平等にかかわることなので、ノモス制定議会で決めるべきこととなる。

権力者や大企業の個別の利害は、テシスには影響を受けるが、一般的ルールであるノモスからは影響を受けない。たとえば、ある企業が環境規制（ノモス）の導入で影響を受けたとしても、補助金（テシス）を新たに加えることでその影響を中立化できる。つまりノモスは国全体のパイの大きさを決めるが、その配分はテシスによって調整できる、ということである。したがって、うまく制度を設計すれば、ノモス制定議会の意思決定に対して権力者や企業などが不当に介入する意思を持たなくなるようにできる。つまり、ノモス制定議会では個別の利害に関係しない一般ルールのみが決められる、ということが制度的に担保されれば、記名投票を導入しても個人の政治的自由が脅かされるという問題は生じないはずである。

将来世代の利益擁護を強めるために共感の作用を最大限活用するには、ノモス制定議会の議員が議場でおこなう将来世代の利益に関する採決はすべて記名とし、さらに、ノモス制定議会の議員選挙も、有権者が記名で投票するという投票制度が望ましいかもしれない。一般論としては、将来世代の利益擁護に多くの人は共感する。採決が記名投票なら、ノモス制定議会の議員は、同僚や国民の共感（承認）を得るために将来世代への配慮を強くするだろう。また議員選挙も記名投票であれば、有権者も他者からの共感を気にするため、感情に任せた投票はできなくなり、将来世代を重視する良識ある人々が議員として選ばれやすくなるだろう。このようにノモス制定議会に限定して記名投票を適切に導入すれば、共感の作用で政治行動が変化し、将来世代の利益をより一層擁護する政治が実現すると思われる。なお、個別の利害調整をおこなうテシス制定議会は、従来通り匿名の投票とすべきである。

ここに記したのはごく粗削りな制度改革のスケッチだが、その本旨は、人間本性にある共感の作用を最大限にはたらかせることによって、政治の意思決定において、将来世代への配慮を実質的に高めることである。この目標を第一義に考えれば、現在の民主政を補正する制度設計の詳細は比較的平易に構想できるのではないかと思われる。

3 新しい社会契約

財政や環境など、将来世代の利益を深刻に脅かす「世代間のライフボート・ジレンマ」を解決するには、将来世代への（または世代内での）利他性を強めることが必要である。そのひとつの可能性は、なんらかの新しい政治哲学を人々が共有することである。本書では、ハイエク、アーレント、ヨナス、ポーコック、サンデルなど、いくつかの政治哲学にそのヒントを探した。また、人々が信奉する政治哲学は変えられなくても、アダム・スミスの「共感」の作用によって利他的な政策決定を実現できるのではないか、という論点を考察し、それを実現するための制度設計も検討した。

無知のヴェールと共感

本節では、前節で議論した利他性を高める政治制度の創設を、政治哲学的に正当なものと位置付けられる、ということを論じたい。つまり「仮想将来世代」の創設や記名投票の導入という制度設計が、原初状態におかれた合理的個人の自由意志によって選択されるという新しい社会契約論の可能性を素描する。要約すると、ロールズの『正義論』の枠組みにアダム・スミスの「共感」の作用を組み入れることで、仮想将来世代の創設などが原初状態で支持されることが分かる。新しいテクノロジーの進展の結果として将来世代の利益が脅かされるようになってきたのだから、社会契約も新しいものに変える必要があるということである。

将来世代の利益を代表する政治的アクターをここでは「仮想将来世代」と総称するが、それはこれまで論じてきたようにさまざまな形態があり得る。たとえば、中立的な中央銀行のような長期的な財政予測機関。これはＯＥＣＤなどが各国に設置を推奨し、欧米各国ではそのような機関の設置が進んでいる。または「将来省」のような行政庁。これは西條辰義らフューチャー・デザインの研究者グループが構想しているアイデアである。あるいはハイエクの議会改革論で論じられたノモス制定議会。ノモス制定議会を将来世代の利益代表として機能する議会とし、これを参議院の改組により実現するという考え方である。

このような「仮想将来世代」の政治アクターを創設することが、合理的な個人による社会契約として成立するだろうか。ロックやルソーの社会契約論は、中央集権的政府や民主的な議会の創設を、自然状態にある人々が社会契約として合意する、として正当化した。ロールズの無知のヴェールの枠組みとアダム・スミスの共感の原理を使って、「仮想将来世代の創設」が社会契約として合意可能なものであることを、以下で素描してみたい。そうすることによって、将来世代の利益代表が存在する社会制度が、人間の理性が選び取る正義の構想に適った社会制度であることが示され、その導入が民主主義の穏当な「補正」として正当化される。

ロールズが社会の構成要素として想定した人間とは、利他性を持たない利己的かつ合理的な個人であった。原初状態において彼らは、自分がどの世代に、どのような才能、健康状態、財産を持って社会に生まれてくるか分からないという「無知のヴェール」に覆われた状態にある。世代間の財政の問題に限って考えると、自分が国の借金のツケを先送りできる世代になるか、ツケを押し付けられる世代になるか、分からない。この無知のヴェールの下では、「もっとも不運な世代の効用（ミニマムな効用）が、他の社会制度の下でのものと比べて、最大（マキシマム）になる社会制度」が選ばれる。これが格差原理だった。ロールズは、格差原理を満たすように「公正な貯蓄」として世代間の所得移転が決まると論じた。もっとも不幸な世代の幸福度が最大になるように、公正な貯蓄のスケジュールは定まる。つまり、現在世代から将来世代に資源が貯蓄として遺贈される。言い換えると、「公正な貯蓄」ルールで決まる財政運営では、過剰な政府債務は世代を超えて先送りされず、したがって、債務残高が世代を超えて増え続けることはない。

原初状態の人間が社会契約を合意した後、各世代がその契約を守ってロールズがいう「公正な貯蓄」を実現できるなら問題はない。ところが、第二章で詳しく論じたように、無知のヴェールが取り去られて、各人がそれぞれの世代に生まれてきたあとに、社会契約に定められた通りの「公正な貯蓄」が実現する保証はない。利己的な合理的人間にとってみれば、公正な貯蓄を定めた社会契約を破って、将来世代になにも残さないことが自分の利益を最大にするからである。また、世代間の社会契約を破っても、世代間ならば、ペナルティを受けるおそれはない。そうすると、将来世代に

料金受取人払郵便

山科局承認

1695

差出有効期間
2019年11月
30日まで

郵便はがき

607-8790

(受　取　人)
京都市山科区
日ノ岡堤谷町1番地

ミネルヴァ書房
読者アンケート係 行

◆ 以下のアンケートにお答え下さい。

お求めの
書店名＿＿＿＿＿＿＿＿市区町村＿＿＿＿＿＿＿＿＿＿＿＿＿＿書店

＊ この本をどのようにしてお知りになりましたか？ 以下の中から選び、3つまで○をお付け下さい。

A.広告（　　　　）を見て　B.店頭で見て　C.知人·友人の薦め
D.著者ファン　E.図書館で借りて　F.教科書として
G.ミネルヴァ書房図書目録　H.ミネルヴァ通信
I.書評（　　　　）をみて　J.講演会など　K.テレビ·ラジオ
L.出版ダイジェスト　M.これから出る本　N.他の本を読んで
O.DM　P.ホームページ（　　　　　　　）をみて
Q.書店の案内で　R.その他（　　　　　　　　）

書 名　お買上の本のタイトルをご記入下さい。

◆上記の本に関するご感想、またはご意見・ご希望などをお書き下さい。
文章を採用させていただいた方には図書カードを贈呈いたします。

◆よく読む分野（ご専門）について、3つまで○をお付け下さい。

1. 哲学・思想　2. 世界史　3. 日本史　4. 政治・法律
5. 経済　6. 経営　7. 心理　8. 教育　9. 保育　10. 社会福祉
11. 社会　12. 自然科学　13. 文学・言語　14. 評論・評伝
15. 児童書　16. 資格・実用　17. その他（　　　　　　）

〒
ご住所

Tel　　（　　）

お名前《ふりがな》　年齢　歳　性別　男・女

ご職業・学校名
（所属・専門）

Eメール

ミネルヴァ書房ホームページ　http://www.minervashobo.co.jp/

＊新刊案内（DM）不要の方は × を付けて下さい。 □

貯蓄を残さないこと、すなわち、現在世代が作った政府債務の返済を将来世代に先送りすること、がもっとも合理的な行動として選択される。

原初状態では「公正な貯蓄」を実現することが誰にとっても望ましいが、いざ、無知のヴェールが取り去られて歴史が始まると、どの世代の人も「公正な貯蓄」を守らず将来世代になにも残さない。公正な貯蓄という「事前」の約束が「事後」に破られてしまう、という意味で、公正な貯蓄の社会契約は、「時間整合的」でないのである。

人々が「強い世代間利他性」を持っていれば時間整合性の問題は解決し、「公正な貯蓄」は実現するかもしれない。しかし、本能として人間に生物学的に備わっている世代間利他性は非常に「弱い」。だからこそ、公正な貯蓄の社会契約は守られず、我々は財政問題や環境問題に直面している。

ではどうするか。

人間の世代間利他性についての想定を現実的なものに変え、弱い利他性を持っていると考えよう。人間はロールズの想定のように完全に利己的ではなく、本能として「弱い世代間利他性」を持っている。さらに、アダム・スミスが論じたように、人間は周囲の同世代の人々から共感を受けることによって強い効用を得る。

このような人間からなる社会が「公正な貯蓄」すなわち、規律ある財政運営、を実現するためには「仮想将来世代の創設」が有効であるといえる。たとえば、仮想将来世代のひとつとして、長期の財政予測機関を考えよう。その職員は将来世代の利益を代表することを職責とし、その職責への忠誠心は世間からの共感や職場内での仲間内の共感によって強化される。世間一般の人々は、本能として「弱い世代間利他性」を持っている。それは、財政予測機関の職員の職務執行に対する人々の「共感」を呼び起こす。人々から共感を得ることで、その職員たちは強い効用を感じるので、利他的行為を行う動機が彼らの中で強化される。つまり、「弱い世代間利他性」は、共感の作用を通じて増幅されて、財政予測機関の職員たちの世代間利他性を事実上、「強化」するのである。強化された利他性をもって、彼らは将来世代の代弁者として現在の政策決定に関与する。この結果、現在世代の財政政策が影響され、「公正な貯蓄」が実現する。

無知のヴェールの中で、原初状態の人間は「公正な貯蓄」を社会契約で実現したいと望むが、そのためには時間整合性の問題を解決しなければならない。彼らは、自分の「世代間利他性が弱い」こと、また、共感の作用をうまく利用すれば、あるグループの中での世代間利他性が強化されうることを知っている。そしてそのグループ（仮想将来世代）が政治アクターとして政策決定に影響力を持てば、「公正な貯蓄」に近い資源配分が実現するであろうことを知っているのである。

以上の知識を持ちながら、原初状態の人間は、正義の構想（社会制度の在り方）に合意しようとする。公正な貯蓄を実現するためには時間整合性の問題を解決しなければならないから、理性的な人々は、無知のヴェールの中で、仮想将来世代（すなわち、将来世代の利益を代表する政治アクターとして機能するなんらかの公的組織）を創設して現時点の政策決定に関与させる、という社会制度に合意する。

よって、仮想将来世代を創設することは、無知のヴェールで覆われた原初状態において、新しい社会契約として合意されるのである。そしてその合意は時間整合的であり、実現可能なものになっている。なお、世代間問題に関する意思決定の場に記名投票を導入することも、同様のロジックで原初状態において社会契約として合意されることが分かる。

社会契約の結び直しの意味

なぜ、これまでの社会契約論において、世代間の公平性を維持するための社会制度（仮想将来世代の創設など）というテーマは議論されなかったのだろうか。

現代的なテクノロジーがまだ発展していない時代（一八世紀ごろの近代前期）においては、そもそも世代間のライフボート・ジレンマのような政策課題は発生していなかった。だから仮想将来世代の創設は、社会契約の問題とは認識されなかった。伝統社会では、世代間の資源配分の問題は、社会契約なしに宗教や伝統規範が解決していた。その構造は、現代になるまでほとんど変わらなかったので、世代間の問題は社会契約のテーマにはならなかったのである。

合理的利己的個人の社会でも、子世代による老親扶養のような世代間の繰り返しゲームなら、社会契約がなくとも市場で解決がつくということをサミュエルソンが示している（第四章第1節）。同じことが繰り返されるような世代間の繰り返しゲームならば、ペナルティとインセンティブに基づく貨幣市場的な制度設計が可能であるため、それを解くための社会契約はいらないのである。つまり、社会契約を持ち出さなくても、子世代による老親扶養を実行させるような市場的な工夫が存在する、ということである。

ところが二〇世紀の後半以降、世代間の繰り返しゲームではなく、一回限りのゲームという構造を持った世代間のライフボート・ジレンマが出現するようになった。これは、現代の新しいテクノロジーによって引き起こされている問題である。たとえば、政府債務を発行することによる社会保障制度の運営も、二〇世紀に実用化された広い意味での「テクノロジー」である。また、環境汚染を引き起こすさまざまな化学物質の出現、超長期的な核廃棄物管理を要する原子力発電の普及、などがそのようなテクノロジーの典型である。

こうしたテクノロジーの進歩によって、これまで存在していなかった世代間のライフボート・ジレンマが我々の眼前に出現することとなった。これらは一八世紀の社会契約論が想定していなかった政策課題であり、その解決のためには、「新しい社会契約」を結びなおすことが必要となる。言い換えれば、一八世紀の社会契約論で正当化される民主主義の統治システムだけでは問題に対処しきれないので、二一世紀の新しい社会契約によって、新しい政治システムを構想し、それを実現する必要がある。その具体的な内容のひとつが、財政分野でいえば、中立的な長期財政予測機関の設立である。それをより一般化していえば、将来世代の利益を擁護する政治アクター（仮想将来世代）を、新しい民主政にふさわしい新たな制度として創設する、ということである。日本の財政危機は、このような政治構想を要請しているのである。

4　格差原理と共感——新しい社会契約論についての補遺

次世代への利他性を強める

前節では、世代間のライフボート・ジレンマを解決するための「新しい社会契約」を概説した。そのポイントは財政の持続性を共感の原理によって実現するということである。

「無知のヴェール」で覆われた原初状態で人々が選択する公正な社会制度では、世代間の公正な貯蓄（すなわち財政の持続性の維持）が必要である。しかしロールズの議論の中では、財政の持続性維持は「時間不整合の問題」を抱えており、そのため、原初状態の人々の選択だけではそれは実現できない。原初状態で「政府債務のツケを次の世代に残さない」と合意しても、歴史が始まって自分がどの世代に生まれるかが判明したあとには、（原初状態で交わした合意を反故にして）政府債務のツケを次の世代に先送りすることが、すべての世代にとって、もっとも自分たちの利益になるからである。「ツケを次の世代に残さない」という約束は、守られることがない「時間不整合な」約束である。

人々が利己的である限り、時間不整合な約束は守られないので、人々の（次世代への）利他性を高める必要がある。すべての人の利他性を高めることはできないが、共感または承認の作用を使って、あるグループまたは組織の構成員の「次世代への利他性」を高めることはできる。将来世代の利益を代弁する政治的アクター（たとえば、将来省や独立財政機関など）すなわち「仮想将来世代」を創設すれば、その構成員は世間からの共感や組織内での相互の承認のメカニズムによって、将来世代の利益を第一に考える思考習慣を身に付けるようになるであろう。こうして仮想将来世代は次世代への強い利他性を持って行動する。彼らは、財政の持続性の維持を主張し、現在世代の政策を変えさせる。

このことを見越して、原初状態の人々は、財政の持続性の維持と仮想将来世代の創設の両方に合意するはずである。これが世代間のライフボート・ジレンマという新しい問題に直面した社会における、新しい社会契約である。

無知のヴェールと技術進歩の不確実性

「将来世代は現代よりも進んだ技術を持っているはずだから、将来世代にコスト負担してもらう方が公平性の面から望ましい」という議論がある。

しかし、世代を通じた技術進歩が不確実であることを想起すると、ロールズの格差原理からは「最悪の事態」すなわち、「我々現在世代が想像する技術進歩が予想に反して実現せず、しかも、我々の予想外の環境問題が出現し、大きなコストを将来世代に及ぼすような事態」を想定し、その最悪の事態における社会厚生を最大にするように、世代間の資源の移転方法を決定すべきだ、ということになる。

ロールズの「無知のヴェール」で覆われた原初状態では、「自分がどの世代に生まれるか分からない」という無知とともに、人々は「各世代で、どのようなテクノロジーや環境問題が実現するか分からない」という不確実性にもさらされている。たとえば人工光合成の技術は二〇二〇年代には実用化されているかもしれないし、逆に今後一〇〇年間は実用化できないかもしれない。人工光合成が実用化されれば、将来世代はほとんど負担なしに地球温暖化問題を解決できるかもしれないので、テクノロジーの不確実性は重要だ。またテクノロジー以外でも、原初状態の人々が想像もしない環境問題などが、ある時代に発生し、将来世代を苦しめるかもしれない。このようにテクノロジーや環境問題については、プラスの発展もマイナスの問題発生も起きる可能性がある。この不確実性の下でのロールズの格差原理は、「最悪のことが起きた世代の効用が最大になるように社会制度を選ぶ」ということになる。つまり、期待通りの技術進歩が起きなかった場合でも、将来世代が悲惨な状況に陥らないような世代間の資源移転を実現することが格差原理の要請といえる。

要するに、「将来の技術は現在よりもっと進歩しているから、コストを先送りしても大丈夫」という考えは格差原理に合った考えではない。「将来世代は我々が想像もしない重大な環境問題などに悩まされるかもしれないから、将来世代の負担を軽減しておくために、政府債務などのコストは現在世代が負担すべきだ」というのが格差原理の考え方になる。ロールズの格差原理の考え方に従うなら、次世代の科学的進歩による問題解決を信じるという「楽観論」ではなく、「次世代が直面する、予想もつかない困難を心配する」という「悲観論」によって社会制度を構想すべきなのである。

格差原理とナイトの不確実性

話は若干横道にそれるが、ロールズの「無知のヴェール」と、経済学でよく知られた「ナイトの不確実性」との関連を指摘しておきたい。

起きるかどうか分からないが、起きる確率は分かっているような現象のことを、経済学では「リスク」という。それに対して、経済学者フランク・K・ナイトが提唱した「ナイトの不確実性」または「曖昧さ（ambiguity）」とは、ある現象が起きるかどうか分からないのに加えて、「どのような確率で起きるか」すら分からない状態のことをいう。たとえば、サイコロを振って一の目が出るかどうかは、確率六分の一と分かっているから「リスク」である。しかし、サイコロに不正が加えられているときには、一の目が出る確率はいくつなのか分からない。六分の一かもしれないし、二分の一かもしれないなど、あらゆる可能性がある。つまり、不正なサイコロを振ったときに一の目がでるかどうかは「ナイトの不確実性」となるのである。

さて、ナイトの不確実性に直面した合理的個人の行動を、イツハク・ギルボアとディビッド・シュマイドラーという二人の数理経済学者が公理論的アプローチで分析した。ギルボア＝シュマイドラーの分析によると、ナイトの不確実性を嫌う合理的で利己的な個人は、最悪のケースを想定し、その想定の下で、自己の効用がもっとも大きくなるように選択をおこなう。

無知のヴェールが、リスク（確率が分かっている事象）をあらわしているのではなく、ナイトの不確実性（確率すら分からない事象）をあらわしていると仮定しよう。このとき、ロールズの格差原理は、合理的な個人の功利主義的な行動選択の結果と同一であることが、ギルボア＝シュマイドラーの分析によって数学的に証明できる。

ロールズの格差原理は、「最悪の条件に置かれた人の境遇をできる限り改善する社会制度を選択すべきだ」という倫理的義務として一般に理解される。しかし、無知のヴェールがナイトの不確実性をあらわしているならば、「原初状態におかれた利己的個人の合理的選択」という功利主義の結果として格差原理が導出される。つまり、ロールズの議論は、仮想的な原初状態での功利主義的選択として、倫理的義務を基礎付けようとする議論であると解釈することができるのである。

世代内の共感と世代間の利他性

新しい社会契約のアイデアの微妙な点は、同一世代内（または組織やグループ内）の共感の作用によって、次世代への利他性を強化する、というところにある。

前節の議論は、他人に共感することと、他人からの共感を受けること（他人から承認されること）を区別していなかった。ここからは、他人に共感することを「共感する」とし、他人から共感を受けることを「承認される」と表現する。

他人に対する共感については、神経科学的な実験など、実証的・科学的な研究が蓄積されている。

それらの研究が示していることは、「共感の対象はかなり限定された有限の時空間の中で接触を持った対象に限られる」ということである。共感の作用を無限に延伸して遠い将来世代を対象にすることはできない。よって、将来世代に対する直接的な利他性を、共感に基づく大衆の道徳規範として確立することはできない。

他人から「承認される」ことについては、承認が（承認された本人に）効用をもたらすことは、精神分析や社会学等の文献では自明のこととされている。なぜ、承認がその承認を受けた当人に強い幸福感をもたらすのかというメカニズムについては神経科学的に解明すべき問題だと思われる。しかし、そのような研究の蓄積があるか否かについて、私は専門外のことでもあり、寡聞にして知らない。いまのところ他人からの承認が幸福感をもたらすことを自明のこととして前提にする分析が多いようである。ここでもその前提で議論を続ける。

評論家の山竹伸二は、承認のあり方を「親和的承認」「集団的承認」「一般的承認」に分類して整理している（『「認められたい」の正体』）。

親和的承認は、家族や親密な友人恋人の間における無条件の承認である。集団的承認は、企業やサークルなどの集団の中で、求められた役割や職責を果たすことによって集団内の他の構成員から得られる承認である。そして、一般的承認は、不特定多数者からの承認であり、社会の共通価値、人類共通の基本的な道徳などに基づく承認である。

将来世代への利他性に基づく行動が一般的承認を得られれば、広く人々の中にある世代間の利他性を強化することができるが、自分の家族などの限定的な範囲を超えた世代間利他性が一般的承認を得ることは難しい。時間的にも空間的にも世代間の共感は拡がらないからである。

そこで集団的承認のメカニズムの役割が出てくる。

一般的には承認されない価値観であっても、特定の集団内では共通価値として成立することがある。遠い将来世代まで射程に入れた世代間利他性は、広く社会全体では一般的承認を受けられないとしても、「仮想将来世代」として創設された集団の中では、構成員相互の集団的承認を得ることができる。通常は、一般的承認と集団的承認の間のズレは、集団の内輪の価値観が世間の良識から乖離している現象として否定的に捉えられる。たとえば、違法すれすれの行為がある集団の中で黙認されること、などがその例である。

しかし、ここでは、一般社会では育たない「世代間の利他性」を、あえて特定の集団内で集団的承認を使って強化しようと構想している。「仮想将来世代」の集団内に世代間利他性が根付くかどうかは、組織内のインセンティブの構造、人事制度、出世の要因など組織設計の詳細に依存するだろう。この意味で「仮想将来世代」の公的機関を創設することは、必ずしも成功が約束されたプランではない。しかし、たとえば、財務省が存在しないよりは有った方がよい、ということと同じように、仮想将来世代の創設は（十分な利他性を実現できないかもしれないが）、世代間ライフボート・ジレンマを解決するために世代間の利他性を高めるという目標を達成するうえで、多少なりとも意義はあるといえるだろう。

5 「森林本位制」貨幣の構想

将来世代と現在世代の市場取引

将来省や長期財政推計機関のような、将来世代の利益を代表する政治的アクター（仮想将来世代）の創設という構想は、いまを生きる個人の自由な行動を外から政治的パワーを使って制限しようとするものだと見ることもできる。

仮想将来世代という組織の中では、将来世代への利他性を涵養できたとしても、世間一般の人々の間には、ライフボート・ジレンマを解決するのに必要な強度を持った世代間利他性を普及させることはできない。人間の本性を変えることができない中での仮想将来世代の構想は、かなり大きな困難にほう着してしまうおそれがある。仮想将来世代の組織内の「文化」や昇給昇進などのインセンティブ構造をよほどうまく作っておく必要があると思われるし、そのような組織構造を長い歳月の間、維持することは現実的に困難かもしれない。

本節では、一つの余談として別のアイデアを考えたい。人間の利己心のはたらきが、市場メカニズムを通して、結果的に将来世代の利益を擁護する行動に結びつくような社会制度の構想、つまり、市場メカニズムを使って、将来世代の利益を増進するという方法である。市場経済システムでは、自己の利益を最大化しようとする個人の利己的な行動が、結果として、同時代における社会全体の公益を増進する。これはアダム・スミスやバーナード・マンデヴィルの時代からよく知られたことである。しかし、まだ生まれていない将来世代と現在世代の我々は市場で取引できないから、将来世代の利益を市場メカニズムで増進することは不可能だと考えられてきた。

本節では、あえて夢物語として、「貨幣」を適切に設計することによってそれが可能になるのではないか、という論点に注目する。以下に述べることは、技術的な難点があり、いまの私の議論ではそれを解決する具体的なアイデアはないが、この技術論を解決できれば、私悪が公益を増進するという市場経済システムの性質を将来世代の問題にまで延伸することができる。イメージとしては、ビットコイン（または分散型元帳システム）の発明に類するような、フィンテックのイノベーションによって、技術的な難点は乗り越えることができるのではないか、と想像している。以下は、そのような難点が未解決のままの粗削りな構想である。

貨幣の採掘が次世代の利益になる

将来世代に対する利他性を一切持たないような利己的な人々に、将来世代のための環境保全や資源の節約をするように仕向けるにはどうすればいいだろうか。その方法がひとつある。それは新しい「貨幣」を創出することである。

かつての金本位制の時代を考えてみよう。金はそれ自体として鑑賞の用に供するとか、工業製品の原材料として使用されるなどの「使用価値」はあるが、議論の単純化のために金の使用価値はゼロだとしてみよう。金本位制の時代、金には貨幣として他の人々に受け取ってもらえるという「交換価値」があるために、(かりに金が使用価値ゼロの無価値な金属であっても)人々は金を得ようとして、莫大な労力をかけて金の探査と採掘を行ったであろう。そして実際に、地中から採掘された金の総量は増え続けてきた。かりに無価値な「もの」であっても、その「もの」が貨幣として流通するならば、人はその「もの」を得るためにコストをかけることを厭わない。

同じことは、ビットコインについてもいえる。サイバースペース上の暗号通貨ビットコインは、その真正性と頑健性を保つために、常に誰かが暗号についての計算をして取引の真正性を確かめなければならない。この計算を誰よりも早く実行した者にはビットコインが報酬として与えられるので、この計算はビットコインのマイニング(採掘)と呼ばれている。暗号についての計算には、大量の電力とコンピュータの計算能力が必要なので、計算を実行するには大きなコストがかかる。しかし、マイニングの計算は、解くために時間がかかるという事実が必要とされるだけで、計算の結果は、何の役にも立たないものである。ビットコイン(それ自体は使用価値ゼロの電子的信号にすぎない)が貨幣として流通しているために、人々はビットコインを得ようとして、大きなコストをかけてマイニングの計算を実行する。

ビットコインのマイニングとしての計算内容は無価値な暗号計算であるが、一定程度以上の計算時間がかかることだけがビットコインの貨幣価値を保つうえで必要とされているので、マイニングの計算内容を変えて、なにか社会の公益に役立つ計算にすることも可能だと思われる。

仮想的な思考実験として、次のような事態を考えよう。もし金本位制の時代の「金」や現代の「ビットコイン（電子データ）」の代わりに「森林」を正貨とする貨幣制度があったらどうだろうか。「森林が貨幣だ」といっても、森林そのものを人の手から手へ受け渡すことはできないから、森林の「持ち分」を証券化し、その証券が貨幣として流通するような経済システムを考えればよい。

金本位制の時代も、経済に流通していた通貨は、金に対する持ち分の証券（日本銀行券）であり、日銀券は日本銀行に持っていけばいつでも金と交換できることが保証されていた。しかし、正貨の金そのものは市場で流通しておらず、日本銀行の金庫の中に眠っていた（正確に言えば、日本の正貨の相当部分は日銀の金庫にすら置かれておらず、ニューヨーク連邦準備銀行に預託されていた）。

森林本位制の通貨システムも、金本位制のように、正貨である「森林」は各国の中央銀行が維持管理し、森林の所有権と交換可能な紙幣が経済に流通するようなものになるだろう。紙幣も、本物の紙である必要はなく、現代の市場取引で一般的な銀行口座間の送金などの電子データのやりとりに帰着する。そうなると、現代の貨幣経済とほとんど変わるところはなく、ただ、貨幣と「森林」一単位が、ある一定の交換比率で交換可能であることが保証されるという点だけが異なる。

このような仮想的な貨幣システムが現実になったら人々はどう行動するだろうか。金本位制の下で、人々が利己的な動機で金を採掘したように、森林本位制の下では、人々は貨幣を手に入れようとして、森林を生産する行為（つまり、植林などの行為）を、自発的にコストをかけて行うだろう。植林などの森林の再生産活動は、森林本位制の下では、貨幣の「採掘」そのものである。

森林本位制のシステムの下では、資源の一定割合が森林を生産し増やす活動に使われるため、地球環境は経済成長とともに（悪化するのではなく）改善することになるだろう。人々の貨幣を「採掘」しようとする利己的な行為によって、森林が再生産され、森林が吸収する二酸化炭素の量が増えることになる。「森林」貨幣と一般の財サービスとの交換比率を適切に定めれば、人々の利己的な行動によって、地球温暖化もかなりの程度、緩和されるだろう。

以上はあくまで夢物語ではあるが、森林本位制の貨幣システムができれば、利己的な現在世代の人々に、将来世代のための行動（すなわちコストをかけて地球環境を維持する行動）を自発的に行うよう、誘導することができるのである。これを一般化すると次のようにいえる。ある「もの」の「採掘」が、結果として将来世代の自然環境や経済環境を改善することになるような、そのような「もの」を本位貨幣に定めることができれば、将来世代の利益になる行動を、貨幣の「採掘」という利己的行為として人々が自発的に行うよう誘導できる。

合理的バブルと解決すべき技術的課題

森林本位制という仮想的な貨幣システムは、政府が森林を正貨と法定することが重要なのではない。森林には、本来は木材資源などの使用価値はあるが、議論を簡単にするために、使用価値はゼロであると仮定しよう。普通の通貨制度の下では、森林の価値はゼロだから、だれも森林を維持しようとは思わず、森林は減少する一方である。ところが、（森林本位制の採用という）偶然の変化によって、森林に高い交換価値が付くようになると、人々はその高い価値を得ようとして、植林などを行うようになる。理由はなんであれ、「森林に（使用価値を超えて）高い価値が付く」という点がポイントなのだ。なんらかの理由で森林に高い価値があると世界中の人々が信じるようになれば、おのずから、人々は植林等を行って自分が所有する森林を増やそうとする。このとき、森林は本来の使用価値よりも高い価値が付いているという意味で、「バブル」資産となっているのである。

バブル資産としては、一九八〇年代末の日本の商業用不動産や二〇〇〇年代のアメリカの住宅が有名である。バブル資産は、貨幣そのものではないが、「貨幣を借り入れるための担保として使える」という共通の特徴がある。経済学では、ある種の条件が成立するときには、土地や株式がバブルとなる（つまり、本来的な価値よりも高い価格が付く）ことが知られていて、「合理的バブル」と呼ばれる。近年の合理的バブルの研究では、ある資産が借り入れの担保として使えるならば、その資産はバブルとして高い価値が付く場合があると理論的に示されている。

森林（またはその持ち分の証券）などが「銀行借り入れの担保として使える」と多くの人々が信じるようになれば、森林をわざわざ貨幣として法定しなくても、利己的な人々は森林を増やそうとし、将来世代の利益擁護を自発的に実行するだろう。森林本位制といっても、さまざまな制度的なバリエーションがあり得るということである。

最後に、森林の持ち分証券が、貨幣またはバブル資産として市場に流通するために、解決しなければならない技術的課題をまとめておく。

第一に、森林を取引の計量単位として使えるか。その所有権の移転の真正性を簡単に証明することができるか。取引した森林の数量の保存が確実であるか。これらの点は、貨幣が貨幣として流通するために持っていなければならない性質である。これらをクリアするには、フィンテックを使った何らかのイノベーションが必要だと考えられる。

第二に、森林を貨幣またはバブル資産にするという人々の合意をどのように確立するのか。人々が、森林をその使用価値よりも高い値段で売買するようになる必要がある。森林を法律で正貨に定めることは極端だが分かりやすい方法である。また政府が「森林（または森林の持ち分証券）」による税の支払いを認めると、森林に交換価値があるという人々の期待を創出できるだろうと思われる。

地球温暖化の影響が過酷になれば、このような夢物語も現実になる時代が来るかもしれない。それは意外に近い未来かもしれない。

第六章　イノベーションと世代間資産としての正義

第五章では、ロールズの社会契約論の枠組みで、仮想将来世代の創設によって世代間の利他性を高める方策を論じた。本章では、ロールズをさらに深く批判的に検討し、知の探究（イノベーション）を社会契約論の枠組みの中に位置づける議論を構想する。

ロールズの政治哲学の体系においては、社会全体の正義の構想は、その社会に生きる個人の善の構想（それぞれの人生の目的や計画）にとって、単なる制約条件と想定されている。それは、経済活動において個人がそれぞれの目的を利己的に追求する際に、市場のルールを制約条件として遵守する、という関係と同じである。ロールズの体系では、それぞれの個人の人生の目的に価値がある根拠は、正義の構想とは独立したもの、それとは無関係なもの、と暗黙に想定されている。

しかし、個人の善は社会の正義の構想から独立には存立できない。人が自分の人生の目的に価値があると心から確信することができるのは、それが社会全体の正義の構想の中で是認されており、かつ、自分が人生の目的を追求するということ自体が、社会全体の正義の構想への貢献として必要とされている、という「必然性」を認識できるときである。

本章では、このような個人の善と社会の正義の関係をロールズの体系の中で創り出す要素として、「知の探究（イノベーション）」を考察する。

イノベーションによって、科学的知識が更新されれば、ロールズの原初状態における人々の合意の前提となる知識が更新される。たとえば、一〇〇年前の人々の正義の構想の前提には地球温暖化問題は存在していなかったが、いまの我々の正義の構想にとって地球温暖化の知識は前提条件である。イノベーションによって科学的知識がより正確なものに更新されるにつれ、正義の構想もより完全なものに向かって更新されていく。したがって、知の探究（イノベーション）という活動は、正義の構想を究極的に完成に近づける活動であり、その意味で正義の構想への貢献である。一方、個人は、自己の人生の目的を追求する活動の一環として、それぞれの分野での知の探究（イノベーション）を利己的動機から実行する。個人が利己的な動機で実行したイノベーションが、社会全体の科学的知識を変え、複雑多岐な予想外の影響によって人々の境遇をリシャッフルする。それが、新たな原初状態での合意形成を促して社会全体の正義の構想を更新する。これは、個人の利己的な活動（善の追求）が、その一環として行う知の探究（イノベーション）により、意図せざるかたちで、社会の公益（正義の構想の更新）に貢献している、という構図である。イノベーションという要素を加えることで、個人の善の価値を社会の正義の構想に根拠づけることができるのである。

イノベーションを行うことは社会の公益に対する貢献であるとする信念が共有される社会では、ある個人によるイノベーションは周囲の人々からの共感を呼び、イノベーションの実行者に効用をもたらす。したがってイノベーションが貢献する対象物「正義のシステム」は人々の共感という配当を生み出す資産であり、その資産が将来失われると予見されているときには、現在世代は資産価値を維持するために、自発的に自己犠牲的な行動を選択する。

知の探究（イノベーション）は、社会全体の「正義のシステム」に貢献することにより、個人の善の価値の根拠となる。この考えは、世界精神に貢献することに個人の人生の価値の根拠があるといい、歴史を理性の進歩の過程と捉えたヘーゲルの歴史哲学とも類似している。我々の議論の独自性は、次のような実践的な展望を提示したことにあると思われる。すなわち、イノベーションによって更新される「正義の構想」を資産とみなすことで人々が自発的に世代間のライフボート・ジレンマに対応できるようになる、という展望である。

最後に、イノベーションが理性と正義の進歩をもたらすという我々の議論では、前提として、個人の自由の保障（ロールズの正義の第一原理とハイエク的な自由市場）が成り立たなければならない。すべての知は可謬性を持っており、可謬性の下での試行錯誤こそがイノベーションの本質だからである。この点で、我々の立場は明確な自由主義であり、全体の発展のために個人の自由をないがしろにする全体主義的構想とはまったく異なる。

本章の構成は次の通りである。第1節では、ロールズの社会契約論について再説する。ロールズが考慮していない論点として、個人の善が社会の正義と独立には存立できないという問題について議論する。第2節では、正義論の枠組みに、知の探究（イノベーション）を導入することにより、個人の善が社会の正義に貢献する構図を示す（イノベーションの社会契約論）。さらに、第3節では、イノベーションの社会契約論が、次世代に対する自己犠牲的な行動を人々の自発的行動として引き出せる可能性があることを論じる。第4節では、イノベーションによって更新される「正義のシステム」を、一種の世代間資産とみなすことで、次世代に対する自己犠牲的行動が、自分の資産の価値を高めるための（利己的な）合理的行動と理解できることを示す。第5節では、ヘーゲルの予定調和的な歴史観と対比し、世代間資産としての正義にはライフボート・ジレンマへの自覚的な対処を促す力があることを論じる。第6節では、イノベーションによる「正義のシステム」の進化と次世代への利他性が維持されるためには、大前提として可謬性を持つ個人の自由な活動と、それらの諸個人の市場における自由な相互交流が保障されなければならないことを確認する。

1　ライフボート・ジレンマと政治哲学の目的

政治哲学の四つの役割

一九七一年のロールズの「正義論」の出版は政治思想界に大きな論争を巻き起こした。ロールズは長年の論争で自身の見解を修正発展させ、その成果はロールズ後期の代表作「Political Liberalism（政治的リベラリズム）」として一九九三年に発表された。三〇年の論争を経た晩年の講義録も「公正としての正義　再説」として二〇〇一年に出版されている。ここでは、「公正としての正義　再説」に沿って、ロールズの社会契約論的な政治哲学の構造を整理し、本書の問題意識から見たときの困難を明らかにしたい。

政治哲学の究極の目的は、政治共同体としての社会を安定的かつ長期的に維持発展させることだ、というのがロールズの暗黙の前提である。これは本書における我々の目的と同じである。ロールズも我々も、この目的を置くことを自明とし、それを特に正当化する議論は提示しない。この前提のうえでロールズは、社会の持続性という目的を実現するために政治哲学が果たすべき役割として次の四つを挙げている。

①実践的役割―対立緩和（政治的合意）の哲学的・道徳的な基礎を見出すこと。

どの社会の歴史においても、一定の根本的な問題が社会の中に深刻な対立をもたらし、政治的合意のためのいかなる筋の通った共通の基礎も見出せないことがある（たとえば宗教戦争時の欧州でのカトリックとプロテスタントの対立や、南北戦争前の米国での奴隷制をめぐる論争）。

このような対立に際し、共有された哲学があれば、それは諸々の価値観をどのように調停できるのかという道筋を示し、「対立の根底にある哲学的・道徳的な意見の相違を少なくとも狭めること」はできる。これが政治哲学の実践的役割だとロールズはいう。

②方向付けの役割―人々が社会をひとつの全体（共通の目的や目標を持つもの）として考えるよう方向付けること。

あらゆる可能な目的（社会、個人、結社などが有する目的）の中で、正義と道理にかなったものは何か、それらがどのようにして整合的でありうるかを示すことによって、「人々が自分たちの政治的・社会的諸制度をひとつの全体として考え、また、それらの制度の基本的な目的や目標を、個人あるいは家族や結社の構成員の目的や目標としてではなく、歴史をもったひとつの社会―国家《ネーション》―のそれとして考える」ように促すことが政治哲学の第二の役割である。

③宥和の役割―社会や歴史に対する人々の憤怒を和らげ、人々が自分たちの社会的世界を肯定するよう促すこと。

人々の間にある宗教、哲学、道徳、美意識などの諸価値には、深甚な両立しがたい意見の対立がある（この事実をロールズは「穏当な多元性」と呼ぶ）。政治哲学はそのような意見の対立が存在する理由（そしてそのような対立が存在することが社会にとって政治的な利点をもたらすこと）を示すことによって、我々をその事実と宥和させようとする。また、政治哲学は、対立が多い社会の中で、我々がどのように自由で平等な市民たりえるのか、という自由の外的限界を示す。そうして我々は対立に満ちた自分たちの社会を肯定できるようになる。これが政治哲学の第三の役割である。

④政治的に実行可能なものの限界を明らかにする役割

民主的社会において、穏当な多元性（人々の間に宗教、道徳などについて両立しがたい意見対立があること）という事実の中で、政治的に実行可能なものの限界を見定め、それによって、政治哲学は穏当な多元性が持つ利点を明らかにする。

ロールズが挙げたこれら四つの政治哲学の役割から、ロールズが彼の政治哲学（正義論）を構想した目的が明らかになる。ロールズ政治哲学の目的は、人々が自分たちの社会を統合された一体とみなす視点を与えることであり、その社会の中のさまざまな（根本的に両立不可能な）意見対立の存在という「多元性」の事実を受け容れ肯定するように仕向けることにあるのである。つまり、我々が民主政の社会の中の多元性と宥和し、民主政を肯定すること、がロールズの政治哲学の目的となっている。

我々もこの目的に基本的に同意するが、本書の問題意識は、民主政の肯定というロールズの目的のさらにその先にある。それは、世代間のライフボート・ジレンマに対処するためにどうすれば人々の力を集めることができるか、という課題である。将来世代（あるいは広く他者）のために自己犠牲的な行動を選択し実行することがライフボート・ジレンマの解決には不可欠であるが、そのような行動を自発的に選ぶ根拠を与えることも、政治哲学の役割のはずである。

第二章で述べた通り、ロールズの政治哲学では自己犠牲的行動はまったく例外的な事象として片づけられてしまっている。ロールズの枠組みを拡張することによって、ライフボート・ジレンマをどのように政治哲学の射程に入れるか、という問題が本章の課題である。

最大公約数としての正義原理

ロールズの正義の二原理は、第一原理（基本的な諸自由の優先）と第二原理（機会の公正な平等と、格差原理）から構成され、第二原理の中では、機会の公正な平等が格差原理よりも優先するものとされる。

第一原理は、社会の全員が同一の諸自由（選択の自由）を有することを主張する。

第二原理は、社会的・経済的不平等が充たすべき条件を定めており、その条件というのが機会の公正な平等と格差原理である。機会の公正な平等は、文字通りの意味であり、社会的・経済的不平等が機会の公正な平等が保証されているという条件の下で生じたものであることを要請する。格差原理は、社会的・経済的不平等（の存在）が、社会の中でもっとも不利な状況にある構成員にとって最大の利益になることを要請する。つまり、そのような社会的・経済的不平等があるときの方が、それがないときよりも、社会の中でもっとも不利な状況にある構成員の利得が大きくなるという条件が充たされている場合に限って、その不平等の存在が正義にかなうものとして許容される。これが格差原理である。

公共的正当化についての議論の中でロールズは、秩序だった社会では「すべての者が同一の正義原理を受け容れている」と想定している。この正義の二原理を人々が完全に共有するならば、人々は社会を一体の統合されたものとみなし、社会の中での根源的な意見対立の存在という事実と宥和し、そして、その中での生を肯定することができる。「社会的統合の基礎を正義の公共的構想におくのが最善」だとロールズはいうのである。

人々の間で、宗教、哲学、道徳などについて根源的で両立できない対立があるときに、正義の二原理だけは共有できるのはなぜか。正義の二原理は、いわば人々の世界観の最大公約数として抽出されたものだといえる。ロールズは、最大公約数の代わりに「重なり合うコンセンサス」と呼んでいる。

重なり合うコンセンサスとは、一人ひとりの個人が持つ思想の中で共通する正義のルールを取り出したものだから、それ自体は首尾一貫した思想（ロールズは「包括的な教説」と呼ぶ）にはならない。

たとえば、Aさんが信じるイスラム教とBさんが信じる仏教で、それぞれの教義に従って「肉食を禁じる」というルールがあったとしたら、そのルールはAさんとBさんの「重なり合うコンセンサス」であるが、イスラム教や仏教の文脈を離れたルール（肉食を禁じる）は、それだけでは、首尾一貫した思想にはならない。

ロールズが掲げる正義の二原理が首尾一貫した思想として、しかも、既存の思想の文脈から独立したものとして、人々から信頼されるためには、「異なった世界観を持つ利己的で合理的な人々が、原初状態で理性的な思惟の結果として正義の二原理に合意する」というロールズのストーリー（教説）を社会の全員が完全に信じていることが必要である。

ロールズの政治哲学で重要な役割を果たす「原初状態」の性質を改めて考えてみる。人々の異なった世界観の最大公約数（または重なり合うコンセンサス）を抽出する作業を行うことが原初状態におかれた人々の合意の役割である。また、ロールズが政治哲学の役割として掲げたこと（人々が社会に存在する対立という事実と宥和し、社会を肯定すること）を達成するためには、人が利己的理性による合理的な推論の結果として社会を肯定できることが必要である。原初状態はそのための道具立てなのである。

無知のヴェールで覆われた原初状態とは議会政治、すなわち、代表制のモデルである。ロールズの（暗黙の）想定によると、人々を代表する議会の議員の役割は、有権者の個々人の境遇に沿って利益を分配することではなく、万人に適用されるルール（法令）を作ることである。この考え方は、ハイエクの議会改革論におけるノモス制定議会の役割とまったく同じであると言える。ハイエクは富の分配については万人に適用されるルールは決められないとしていたが、ロールズは分配的正義についても「格差原理」というルールには万人が合意できる、と考えた点が異なる。

いずれにしても、議員たちが万人に適用されるルールについて議論するためには、あえて自分が代表する有権者たちの個々の境遇についての知識を頭から追い出す必要がある。つまり、国民を代表する議員たちは無知のヴェールで覆われた状態で議論する必要があるのである。

世代間の問題で考えると、原初状態は最初期の世代だけが経験することのようなイメージがあるがロールズの考えは違う。初期の世代だけではなく、その後のすべての世代が、それぞれの時代において、その世代の中の代表者が集まった議会において正義の二原理に合意する。その議会のモデルが、無知のヴェールに覆われた人々の集会（原初状態）なのである。つまり、各世代が原初状態を経験するのである。

善は正義から独立には存立できない

ロールズの政治哲学において、もっとも重大な問題は、善（個々の人間が追求する人生の目的や価値）が、そもそも正義（社会の統合の基礎となる社会全体としての目的や目標）から独立しては存立しえないのではないか、という点にロールズは注意を払っていないように思われることである。

正義が最大公約数または重なり合うコンセンサスとして形成されるロールズの世界では、社会全体の正義と個人の善との関係は、経済における全体の市場ルールと個人の経済行動との関係と同じようなものと想定されている。経済に限定して考えれば、個人の経済行動の目的は、自分の効用を高めることであり、それは市場のルールを維持することとはまったく関係がない。経済活動をしている個人にとって、市場のルールは、自分の行動を制約する環境条件ではあっても、自分の行動の目的とはなんの関わりもない。これと同じように「社会の正義」は個人にとって制約条件であり、「個人の善（人生の目的）」は社会の正義とは独立に存在している、とロールズはみなしている。

しかし、このような経済学とのアナロジーは、端的に誤りなのではないだろうか。

経済学があつかう人々の目的、すなわち財やサービスの「消費」、に内在的な価値がある理由は、消費それ自体が人間に快感をもたらすという生物学的な条件があるからだった。しかし、我々が考察している個人の「善の構想」に関しては、その価値は人間の生物学的属性によって決まるものではない。社会的な関係性の中で、相対的に、その価値は決まる。

個々人の善の構想に価値があると感じるためには、「その善の構想の追求が、社会全体の正義に貢献している」と本人が信じることができなければならない。自分の人生の目的は、（自分を超えた）社会全体の目的の一環として位置づけられることで、はじめてその価値を判断できる。単純化していえば、自分の人生の目的が社会全体の目的（つまり社会全体の正義）に貢献する度合いが、自分の人生の目的の価値ということになる。自分の人生の目的が社会全体の目的つまり正義とまったく無関係であるときには、おそらく人は自分の人生の目的に価値がある、という強い信念や実感を持てないだろう。

ロールズの政治哲学の枠内では、人は自分の人生の目的を社会全体の正義への貢献に結び付けられないのではないか。この問いに対して、ロールズはどのように回答するだろうか。

ロールズの議論に沿って考えれば、人は自分の人生の目的をなににするかはまったく自由なので、だれでも、自発的に「社会全体の正義のために貢献すること」を自分個人の人生の目的として選ぶことができる。社会への貢献がしたい人は、それを人生の目的に選べばいい。一方、社会正義への貢献に関心がない人は、利己主義的な人生の目的を選ぶこともできるし、特定の結社や宗教のために生きることもできる。これが予想されるロールズの回答である。つまり、個人は、正義の構想（正義の二原理の受容）のために生きることもできるし、それとはまったく関係のない目的のために生きることも許される。個人の人生の目的が、社会全体の正義の構想に結びつけられているような社会よりも、だれもが自分の好きな人生の目的を選べる社会の方がよりよい社会である、とロールズは答えるだろう。

しかし、自由に人生の目的を選べるという状況自体が、その目的には人生を賭ける価値があるという当人の信念を損なってしまうことがあるのである。このことをロールズの哲学は考慮していない。それは、自分の人生の目的の選択に「必然性」を感じられないからである。自分が自発的に「正義のために貢献する」ことを選んだ、というだけでは、弱い人間には自分の選択対象に価値があるとは感じられない。

自分の人生の目的に価値があると感じるためには、自分がその目的を選ぶことが「自分を超えた存在から必然的に与えられている」という感覚が必要であるはずである。自分を超えた存在とは、ロールズが言う「包括的教説」(その個人の人生と世界全体を包括的に説明する世界観)のことである。そして大事なことは、自分を超えた存在(包括的教説)が、自分にとって「必然」的な存在である、という信念を当人が持てることである。ロールズが構想する社会では、いくつもの包括的教説が併存しており(たとえば仏教、キリスト教、イスラム教のように)、個人がどの包括的教説に従って人生の目的を構想すべきか、という点について必然的な根拠は(万人が認めるかたちでは)存在しない。したがって個人は自分の目的について、必然性の信念を持つことができない。

自分が目的を(自由に)選ぶだけでは、「別の選択もあったのではないか」と、人は偶然性という疑念に苦しめられる。自分はある特定の人生の目的を実現するべく(自分を超える存在によって)選ばれているのだ、という必然性の信念が、人にその目的を追求する確信とモチベーションを与える。ロールズの正義論の政治哲学を信じる人は、そのような信念を持つことができない。

むしろ、次のようにいう方が分かりやすいかもしれない。

ロールズの政治哲学を全面的に受け容れ、ロールズが構想する社会を生きることに価値があると心から信じることができる人は、そもそも「個人が自由に自己の目的を選択し追求すること」に必然的な価値を感じる人（自分が自由に選び取った特定の「目的」そのものには必然的な価値がなくてもよい、と潜在的に感じている人）なのである。そのような人にとっては、自分が選んだ特定の目的に価値があるのではなく、「目的を選べること」あるいは「目的を選ぶという行為そのもの」に価値がある。そのような人は、社会全体にとっても自分自身という個人にとっても「自由の実現」に究極的な価値がある、と信じているという意味で、ロールズがいう包括的教説としての自由主義すなわち包括的リベラリズムを信奉しているといえるだろう。

包括的リベラリズムを信奉する人にとって社会の正義と自己の目的はともに社会における自由を押し広げることであり、自分が人生においてなんらかの目的を「選択すること」自体が自由の実践であり、価値ある行為である。したがって包括的リベラリズムの信奉者にとっては、人生の目的の選択は（包括的リベラリズムという）社会正義への貢献であり、その選択をすることに揺るぎない必然性を感じることができる。自分が選んだ人生の目的そのものに価値があるのではなく、「自由に選ぶ」という行為自体に必然的な価値を感じるのである。ロールズは、彼の構想は政治的リベラリズムであって包括的リベラリズムではない、と強調している。政治的リベラリズムとは、人々の異なった世界観（包括的教説）の最大公約数（重なり合うコンセンサス）として成立した正義の二原理を指すのであり、それは首尾一貫した包括的な教説にはなっていないのだ、とロールズはいう。しかし、ロールズの構想が政治的リベラリズムだったとしても、ロールズの世界に異議を唱えずに生きていける人（その世界に必然性を感じる人）は、包括的リベラリズムを信じる人に限られるはずだ。これが我々の本質的な批判点である。

ロールズの世界では、包括的リベラリズムを信奉しない人は、「自己の人生の目的の価値を心から確信する」ということができない状態で生きなければならないのである。

ロールズの正義論からは、個人の人生の目的が、必然的に社会の正義の構想に支えられている（ないしは社会の正義の構想に貢献する）ものであるという信念が生まれることはない。社会の統合の基礎となる正義を維持するために、自分個人が必要とされている、という確信も出てこない。

本章の以下の議論では、ロールズの正義論の枠組みの中でイノベーションを考察することにより、個人のアクションが正義の構想と結びつく構造を提起する。そのことによって、個人の自由な目的の選択と追求が、社会の正義の増進に貢献している、という事実を発見することができる。つまり、ロールズの枠組みにイノベーションを導入することによって、ロールズの政治的リベラリズムを人々の人生の目的を支える「穏当な」包括的教説に変化させる。それが次節の目標である。

2 知の探究《イノベーション》の社会契約論

イノベーションとはなにか？

ロールズの政治哲学の枠組みにおいて十分に考察されるべき価値がありながらほとんど考慮されていない問題がある。それは、科学的発見や技術革新によって科学的知識が時間の経過とともに更新されていく、という問題である。

一例として地球温暖化問題を見よう。これは二一世紀初頭の現在においては人類が取り組むべき重要な政治的課題となっているが、一〇〇年前にはこのような問題の存在も、その可能性すらも誰も知らなかった。地球温暖化問題に関していえば、正義にかなった世代間の資源配分のあり方は、たとえば同じ格差原理で考えたとしても、一〇〇年前と現在ではまったく異なるものになる可能性があるわけだが、その理由は、過去一〇〇年の間に科学的知識が時間の経過とともに大きく変化したことである。

このように、ロールズの正義の構想は、前提とする科学的知識の変化とともに、変化していくのである。

科学的知識の変化を引き起こす個人や企業の活動として広義のイノベーション（知の探究、知への投資）がある。人間のあらゆる活動は、それぞれの目的を達成するために、世界をよりよく理解して、世界により効果的にはたらきかけること、を目指している。世界をよりよく理解し、より効果的に働きかける方法を発見する活動がイノベーションであるから、あらゆる人間活動がイノベーションを伴っているといえる。

本書におけるイノベーションはこのような幅広い「知の探究」のことであり、通常いわれるような工学的な技術開発や科学的な発明発見だけを指すのではない。高度な専門を持った科学者や技術者が行う研究開発だけではなく、普通の人間が通常の社会生活で行う活動であって「世界をよりよく理解し、より効果的にはたらきかけること」を目指す活動のことを幅広くイノベーションと呼びたい。たとえば、電力会社が持つ電力使用のリアルタイムの情報を使って高齢者の見守りサービスを行う、というような新しいビジネスモデルの開発などもイノベーションのひとつだろう。普通の人間や企業が仕事のうえでなんらかの知的な工夫をすることは日々起きている。それがイノベーションである。我々が言うイノベーションは、アーレントが「始まりを為す」という言葉で表現していた人間の営為に近いというべきかもしれない。

人間の日常生活の中で、あるいは職業生活の中で、誰もが経験する知的な発見や発明のことをイノベーションという言葉に包含したいのである。

利己的個人とイノベーション

イノベーションという活動を、ロールズの枠組みの中の原初状態で考えるにはどのように整理すればいいだろうか。

知の探究（イノベーション）は一定のリソース（労働時間や資本ストック）を使って新しい科学的・技術的知識を獲得しようとする投資活動と考えることができる。イノベーションは、新しい商品やサービスや、それらの新しい生産方式などを生み出すことによって、経済全体の生産性を増大させる。すなわち経済のパイの大きさを拡大させる機能がある。一方、イノベーションによって生まれた新商品が、既存の商品などにとって代わり、既存の企業の収益性を悪化させて、人や企業の勢力図を塗り替えるという破壊的性質も持っている（シュンペーターの言う「創造的破壊」）。ロールズの原初状態との関係でいえば、イノベーションは人々の科学的知識を更新し、その新しい知識のもとで、人々の境遇をリシャッフルする活動であるという点が重要である。

さらに、イノベーションによって新しい知識が発見されたり、新しい商品が開発されたりすることは、事前に結果の確率分布が分かっているような確率現象ではなく、本質的に「ナイトの不確実性」をともなう事象だと捉えることができる。少なくとも本書ではそのように仮定して以下の議論を進める。

ナイトの不確実性とは、結果がランダムであるというだけでなく、その結果として起き得る事象の選択肢もはっきりしていなかったり、それらの事象についての確率分布すら分からなかったりするような不確実性のことである。第五章第4節で詳しく論じた通り、経済学では、確率分布の分かっているような不確実性のことを「リスク」と呼び、確率分布すら分からないような深い不確実性のことを提唱者の名前を冠して「ナイトの不確実性」と呼ぶ。

ナイトの不確実性のもとでは、利己的個人の合理的選択は「最悪の境遇に陥ったときの自分の利得が（他の選択肢を選んだ場合に比べて）もっとも大きくなるような選択肢を選ぶ」というものであり（第五章第4節）、この行動原理は、ロールズの格差原理（最悪の境遇にある人の利得がもっとも大きくなるような所得や富の分布に合意する）と類似のものになっている。どちらも、最悪のケースの利得（minimum の利得）を最大にする（maximize する）というマキシ－ミン・ルール（max-min rule）なのである。

さていま議論しているのはイノベーション（知への投資）についてである。個人がナイトの不確実性のもとで、イノベーションにどれだけの資源を投入するか、という問題は、社会全体が格差原理の観点から見てイノベーションにどれだけの資源を投入するべきか、という問題とは異なるように思える。個人のイノベーション投資がもたらす不確実性は個人の周辺に限られ、社会全体のイノベーション投資がもたらす不確実性は社会全体に影響するので、影響の度合いや範囲が異なっているはずだと思われるからである。すると、個人が利己的に選ぶイノベーションのレベルと、原初状態で選ばれる社会全体のイノベーションのレベル（それは正義にかなったイノベーションのレベルといえる）とは異なるものになるように思われる。

しかし、実はそのような違いは大きくないかもしれない。利己的な個人が選ぶイノベーションのレベルは、原初状態で人々が合意するイノベーションのレベルとほとんど変わらないはずだと考えるべき理由があるのである。

その理由は次の通りである。

イノベーションによる個人の境遇のリシャッフルは、他人が行うイノベーションによっても、あるいは他人が行うイノベーションと自分が行うイノベーションの相互作用の結果によっても、大きく変化する。このようなイノベーションの相互作用が及ぼす影響の範囲が複雑多岐にわたることを考慮すると、ある個人の行うイノベーションがもたらす不確実性は、当該の個人の周辺だけではなく、社会全体に及ぶと考えるのが妥当であろう。その個人が行うイノベーションの影響はその人の周辺に限定される蓋然性（または「確率」）は高いと考えられるかもしれないが、いま我々は確率分布が分からないナイトの不確実性のもとでの意思決定を考察しているので、「蓋然性の大小は意思決定に影響しない」と考えてよい。

すると、個人のイノベーションの影響が及ぶ領域は、可能性としては社会全体であるといえるので、利己的個人が選ぶイノベーションのレベルは、原初状態で選ばれる社会全体のイノベーションのレベル（一人当たりの値）とほとんど一致すると見込まれるのである。そうなる理由は、ナイトの不確実性のもとでの個人が選ぶイノベーションのレベルも、原初状態の人々が合意するイノベーションのレベルも、どちらも同じマキシ－ミン・ルール（格差原理）を同じ不確実性（確率分布も分からないナイトの不確実性）に適用して決められるものだからである。

こうして、イノベーションという活動においては、利己的個人の私的な選択が原初状態における社会的な合意と一致するという注目すべき性質が明らかになる。いったん無知のヴェールを取り払って社会的世界で生き始めた人々は、イノベーションという活動について意思決定しようとするとき、科学的知識が（イノベーションの結果、予想もつかないかたちで）更新されてしまうため、ふたたび無知のヴェールに覆われてしまう。結局、どの世代になっても、利己的個人は無知のヴェールの中でイノベーションにどれだけのリソースを投入するか決めることになる。つまり、イノベーションに関しては各世代において原初状態が再現されていることになる。各世代において、科学的知識という環境が更新され、それに応じた新しい原初状態が立ち現れており、その原初状態の中でイノベーションについての意思決定がされるのである。

正義と善の一致と次世代

ここまでの議論を再度、簡単に整理する。個人は自分の効用を最大にするという目的から、マキシ－ミン・ルールに従って自分が行うイノベーションのレベルを決める。それは、結果として、原初状態において人々が格差原理（マキシ－ミン・ルール）で合意する社会全体のイノベーションのレベル（一人当たり）とほぼ一致する。このことは、個人の目的（善）を追求する活動の一環として選ばれるイノベーションのレベルが、社会における正義の構想の中におけるイノベーションのレベルと一致するということを示している。

つまり、個人がそれぞれの人生の目的に従って利己的に行う知への投資（イノベーション）は、「必然的に」、社会が共有する正義の構想を実現するために行われるべきイノベーションとほぼ一致する、ということである。人生の目的は人それぞれに異なっていて、その目的を利己的に追求する個人の活動にはなんらかのかたちでのイノベーションが伴う。そのイノベーションは、結果的に、社会正義を増進していることになるのである。

我々は、ロールズの正義の構想の中に、個人による知への投資（イノベーション）という活動を導入することによって、ひとつの包括的な教説（ストーリー）を提示することができたと考える。これは経済学ではおなじみの「神の見えざる手」（アダム・スミス）や「私悪すなわち公益」（バーナード・マンデヴィル）というロジックと同じで、個人の利己的な行動が意図せざるかたちで社会全体の公益に役立っている、というストーリーと解釈できる。イノベーションという鍵を導入することによって、ロールズの正義論は、経済学と同じように「穏当な」包括的教説になる。

それをまとめると次のようになる。

ロールズの正義の構想（正義の二原理、特に格差原理によってもたらされる分配的正義の内容）は、人類が持つ科学的知識の増加・更新とともに、不断に見直されることによって、究極的には、完全な正義のかたちに近づいていく。その原動力となる知への投資（イノベーション）は、個人の善の構想（人生の目的）を追求するための利己的な行動であるが、同時にそれは、社会全体の科学的知識を増加・更新させることによって、正義の構想への貢献となる。このようにして、個人の善の構想は、意図せざるかたちで、しかし、必然的に、社会の正義の構想に役立っている。したがって、それぞれの個人の善の構想の価値は、社会全体の正義によって基礎付けられ、是認される。また、個人は、自分がどのような人生の目的を選ぼうとも、それはイノベーションという活動を通じて社会正義を増進することに役立っている、という必然性の信念を持つことができる。

ちなみに、経済学におけるスミスやマンデヴィルの発見も、ここでの我々の議論と同じように「個人の利己的な経済活動が社会全体の正義に貢献することによって、社会から是認される」という教説を生み出すことで人間の営みの中での経済活動の地位を引き上げた。まさに、経済活動というものの社会的地位を引き上げることが、彼らの意図だったのである。

個人の経済活動における目的とは効用すなわち快楽の最大化（企業なら利潤の最大化）であるが、それは人生の目的とするにはいかにも低級で卑しい目標である（とスミスやマンデヴィルの時代の多くの知識人は感じたであろう）。しかし、利潤の最大化ということ自体は低俗なものだとしても、その行動が意図せざるかたちで他人の効用を高めるという意味で公益に役立っている。それがスミスやマンデヴィルの発見であった。すると、低俗な利潤最大化は、（公益を増進するというはたらきのために）社会全体の正義によって是認され、高尚な価値を持つものであると認められることになった。利潤最大化という個人の目的は、人目をはばかる低俗な目的ではなくなり、公益に資する正当な目的に変貌したのである。

我々の議論は、スミスやマンデヴィルが経済学において行ったことと同じことを、ロールズの政治哲学においておこなおうとしているともいえる。一人ひとりの人間の人生の目的は、それ自体を見れば低俗で浅薄にしか思えないものかもしれない。それが社会正義によって是認されて初めて、当人はそれを公然と価値あるものだと信じることができる。ロールズの正義論の政治哲学では、個人の人生の目的を社会正義が是認するということはできなかった。個人の目的は、社会正義からまったく独立した無関係なものと想定されていた。我々は、個人の目的追求はイノベーションを引き起こすことによって、社会の公益（正義の更新）を増進している、と論じた。この理論が成り立てば、自分の個人的な人生の目的は（正義を更新するという）高尚な価値を持つものだ、と人は信じられるようになるのである。

以上の議論は、世代間の問題には直接的には触れていなかった。あくまで同一世代の中での正義と善の関係（社会と個人の関係）についての議論であった。

しかし、イノベーションによる科学的知識の増加・更新は、当然ながら現在の世代だけではなく将来世代にも影響をおよぼす。人々の境遇をリシャッフルするという分配的な影響を除くと、経済社会の全体としての生産性はイノベーションの結果として高くなるので、将来世代は現在世代が行うイノベーションから総合的にプラスの影響を受ける。現在世代によるイノベーションは、将来世代の行動の実行可能領域を押し広げるのである。この効果は現在世代が将来世代に利益を与えようと必ずしも意図した効果ではなく意図せざる副産物である。それは、イノベーションが将来世代に対して有する外部経済効果であるといえる。

しかし、意図せざる効果であっても、現在世代の行動が将来世代へのプラスの効果を及ぼすものを広義の投資と呼ぶことにすると、イノベーションは次世代への広義の投資になっているといえる。未解決の問題は、その投資のレベルが、世代間の公平性から見て、公正な正義にかなったものとなっているかどうかである。将来世代へのプラスの効果が意図せざるものである場合（すなわち外部経済効果である場合）、イノベーションのレベルは、一般的には最適なレベルよりも過少になる。この点は、残念ながら解決することは難しいかもしれない。

3　イノベーションは次世代への資源配分を促すか

イノベーションと「公正な貯蓄」　ロールズの枠組みにイノベーションを導入することで、将来世代への資源配分についての議論はどのように変わるだろうか。前述の通り、イノベーションの投入量は将来世代との世代間の公正さという観点から見て過少になる可能性があることを見た。ここでは、イノベーションに関連するものもそうでないものも含めて、世代間の資源配分がイノベーションによってどのような影響を受けるかを考えよう。

社会の持続可能性を維持するために、一定の資源を将来世代に遺すべきことは、ロールズの「公正な貯蓄」の議論から導出される。しかし、第二章で論じた通り、原初状態で人々が合意する「公正な貯蓄（次世代への資源の遺贈）」は、時間不整合性の問題があるため、利己的個人からなる社会では実現できないのであった。第五章では、それを解決するために、個人が持つ「将来世代への利他性」を高める手立てとして仮想将来世代の創設などについて論じた。

本節では、利己的な個人の世界にイノベーションを導入することによって「公正な貯蓄」を実現できるのではないか、という問題を考える。イノベーションはその結果が不確実であるという性質から、以下に論じるようないくつかの経路で「公正な貯蓄」をもたらす可能性がある。

時間軸における境遇のリシャッフル　まず、イノベーションは時間的な不確実性を作り出す、という特徴がある。知への投資は、なんらかの資源（時間、労力、資本ストックなど）を投入することによって、新しい科学的発見や技術革新を得ようとする活動だが、どのような結果が得られるかという内容についても、また結果がいつ得られるかというタイミングについても本質的に不確実である。

タイミングの不確実性に注目すると、社会の全般的な状態が変動するタイミングも、イノベーションの結果として、世代を超えて変わる可能性がある。

たとえば、地球温暖化問題について、こんな空想を考えることができるだろう。ある産業で起きたイノベーションの結果、新しい化学物質が排出されるようになったとしよう。その物質は、当初はまったく温暖化と関係がないと思われていたのに、数年後には温暖化を二酸化炭素の何百倍も促進することが分かったとする。そのときには、その物質は大気中にばらまかれ、気が付いたら（次世代が被ると思われていた）温暖化の被害を現世代が受けることになった……。

このようなイノベーションにまつわる空想は、あり得なくはない。イノベーションの予測困難性は、環境悪化のコストが将来世代ではなく現在世代に降りかかるかもしれない、という可能性を生み出してしまう。環境問題だけでなく、たとえば財政問題についても同じことがいえる。金融技術のイノベーションによって新しい金融商品が生み出され、それが破綻することによって、大きな金融危機が起きる可能性は常に存在する。金融危機が起きれば、政府が銀行を救済するために巨額の公的資金を使わざるを得なくなり、そうなれば、政府債務があっというまに倍増し、財政破綻のリスクに現在世代が直面することになる……。

財政についてのこの「空想」は単なる可能性ではなく、実際に二〇〇八年秋からの数年間で、アメリカと欧州で起こったことである。同じことは、これからも金融工学のイノベーションによって引き起こされる可能性は常にある。

よって、イノベーションのある世界では、もっとも不運な世代（環境悪化や財政破綻のコストを被る世代）がどの世代になるか、という運・不運の時間的配置も、イノベーションによってリシャッフルされる。遠い将来世代に来ると思われていた財政破綻や環境悪化のコストも、ひょっとしたら（イノベーションの負の効果によって）、現在世代に降りかかるかもしれない。

イノベーションによって、環境悪化や財政破綻のタイミングの不確実性が高まると、格差原理で考えると「現在世代がもっとも不運な世代になる可能性がある」ということを考えて資源の配分を考えなければならなくなる。イノベーションは時間軸での運・不運のリシャッフルをもたらすことにより、財政や環境のための資源投入（財政については財政再建、環境については温暖化ガス削減）を現在世代が行うべきだという合意形成を促す。それが実行されれば、将来起きるはずの問題を現在の問題だと認識して解決するということなので、ロールズのいう「公正な貯蓄」を実行することとほぼ同じような効果を持つ行為である。イノベーションがもたらす時間的不確実性が、公正な貯蓄の時間不整合の問題を緩和する、かもしれないのである。

人間の意思決定を変えるイノベーション

イノベーションによる科学的知識の増大は、人間を取り巻く世界だけではなく、人間の意思決定のプロセスそのものを変える可能性を秘めている。たとえば第五章では、フューチャー・デザインの社会実験に参加した人は、将来世代の役割を演じることで思考の様式や内容が変化することを論じた。このような実験結果を受けて、fMRI（機能性磁気共鳴画像法）を使った脳科学的検査によってそのような思考の変化が、脳の活動の器質的な変化と対応しているのかどうかを調べる研究が始まっている。もし、フューチャー・デザイン実験という一種の環境変化によって人間の脳の活動が変化するという科学的知識が得られれば、その知識を使って人間の意思決定の方法を再設計できるかもしれない。たとえばフューチャー・デザインの研究者たちが主張するように、仮想将来世代（未来の人々の利害を代表するという役割を与えられた人々や組織）を導入することによって、（人間の生物としての利他性は変えられなくても）集団的な意志決定の結果を利他的な方向に誘導できるかもしれない。これは人間の意思決定についてのイノベーションである。

あるいは、イノベーションが人間の意思決定におけるコミットメント・デバイスを創り出すという可能性もある。それが、将来世代への資源配分を増やす方向に意思決定を誘導するかもしれない。たとえば「政府の公文書を永久保存して三〇年経てば原則的にすべて公開する」というルールがアメリカにはあるが、このルールの存在のおかげで、役人の不公正な意思決定（それは一般的に将来世代の人々の利益を害する）をある程度は抑止できている、ということは明らかだろう。このような人間の意思決定に影響するイノベーションとして、人工知能には大きな可能性がある。人工知能が人間の意思決定の支援を行うことによって、結果的に意思決定が将来世代の利益を高める方向に誘導される、ということがあるかもしれない。人工知能が人間のコミットメント・デバイスとして機能する可能性があるということである。ロールズの枠組みでは、原初状態においては、「環境や財政の持続性を維持するべきだ」という点に人々は合意するのだが、問題は、時間不整合の問題が解決できないことだった。つまり、無知のヴェールが取り去られれば利己的人間には次世代のために資源を遺贈するインセンティブはなくなってしまうので、原初状態での合意は守られない、という問題である。ここで、政府の意思決定システムに人工知能が関与するようになり、たとえば公文書の三〇年公開ルールと同じような仕組みが、意思決定のあらゆる細部のレベルで実現したとしよう（たとえば、意思決定にいたる政府と議会の関係者の動きがすべてコンピュータ上に記録され、その動画や音声やメモが三〇年後に公開されると想像してみよう）。そうなると、政府の官僚や国会議員は、三〇年後の人々から受ける評価を真剣に考えるようになるので、政策決定が将来世代を重視したものに変化するだろう。

もっとSF的な想像として、政策決定プロセスの一部分で、人間ではなく人工知能が意思決定するという時代も遠からず来るかもしれない。すると、社会の資源配分の一部に人間が直接的にはかかわれない状況が作られる。そのようなシステムが導入されるときに、人工知能に「社会の持続性を世代間という長期の時間軸で維持すること」を目標として与えれば、時間不整合の問題をある程度は解決することができると思われる。なぜなら、人々は人工知能が行う資源配分の意思決定には関与できないので、原初状態での約束（将来世代のために資源を残すこと）を守りたくないという誘惑に負けそうになっても、人工知能の意思決定に阻まれて、約束を守らざるを得なくなるからである。

統治システムに組み込まれた人工知能は、うまく設計すれば、人間の時間不整合の問題を解決するコミットメント・デバイスになると思われる。

知への探究と正義の永続性

イノベーションが正義のシステムを更新するという「イノベーションの社会契約論」を人々が信じること自体から、次世代のための自己犠牲を正当化する新たなロジックが生まれる。

イノベーションの社会契約論をもう一度まとめると次のようになる。個人は利己的に自己の人生の目的（効用や利潤の最大化など）を追求する一環として、なんらかのイノベーションを実行する。イノベーションは科学的知識を更新し、人々の境遇を同世代内でも世代間でもリシャッフルする。その結果、各時代の人々は新しい科学的知識の下での原初状態に投げ込まれ、格差原理によって新たに資源の分配を決めることになる。これは、正義の二原理の適用がイノベーションの結果として不断に「再起動」されるという事態である。イノベーションによって科学的知識が増え、その結果、よりよく世界を理解するようになった人々は、原初状態での選択によって分配的正義を完全なものに近づけていく。イノベーションは正義の完成度を一層高めていくという意味で社会にとって価値がある。したがって、自由な個人の利己的な行動は、イノベーションを経由して、意図せざるかたちで社会全体の正義の完成に貢献する。

このイノベーションの社会契約論は、「個人が自由に選んだ人生の目的は、社会全体の正義の完成に貢献するものだから、価値がある」ということを含意している。個人の善（人生の目的や計画）の価値を社会の正義によって根拠付けているという意味で、本章で展開したイノベーションの社会契約論は、ロールズがいう包括的教説になっている。

では、この包括的教説が信念として広く共有された社会ではなにが起きるだろうか。

この包括的教説を信じる人は、利己的行動の価値が正義の完成への貢献から生まれるという信念を持つことになる。つまり、社会全体の正義に貢献することが個人の人生の価値の根拠である、と信じることになる。そして、個人の善の追求はイノベーションを引き起こすことで社会の正義に貢献する、と信じる。

このように信じる人は、他の人がイノベーションを実行することに対して強い「共感」を感じるはずである。

イノベーションの社会契約論の教説が信念として広く共有された社会では、ある人がイノベーションを実行することは、それが社会の「正義のシステム」に貢献するものであるという理由で、周囲の人々からの共感を生み出す。その共感は、イノベーションの実行者当人に大きな効用をもたらす。このことからイノベーションの貢献の対象物たる「正義のシステム」はイノベーション実行者にとって、他者からの共感という配当を生み出す「資産」となる。

すると、「正義のシステム」という資産の価値を守るために、現在世代はコストをいとわずに献身的な行動をする。つまり、将来の時点でこの「正義のシステム」の価値が毀損すると予見されると、現在におけるその資産価値が直ちに暴落することになるので、現在世代は損失を被ることになる。現在世代は「正義のシステム」の高い資産価値を維持するために、コストを負担して、将来時点におけるその価値の毀損を防止する。この現在世代の行動が、結果として、将来世代のための自己犠牲になっているのである。

これは、包括的教説を信じることによる利己主義の超越とも解釈できる。

イノベーションが永続することは人工知能の発展によって、蓋然性が高くなっている。資産としてのイノベーションの永続は、これからの時代は、人工知能の発展あるいは人工知能によって拡張された理性の発展とほぼ同義となる。したがって、本章の「イノベーションの社会契約論」は、第七章の「拡張された理性」の進歩と、実質的にほぼ同じ内容といえる。これらは、どちらも個人の人生の目的を社会正義が根拠づけるという構造になっているという意味で包括的な教説である。我々はそれらを現代社会で大きな問題を引き起こさずに成立する「穏当な」包括的教説であると呼びたい。

こうした穏当な包括的教説によって、次世代への資源の遺贈は、現在世代の個人の効用を最大化する行動となる。

4　世代間資産としての正義

「正義のシステム」が世代を超えて引き継がれる資産である、という前節の議論は、単なる比喩的表現というわけではない。現在世代が将来世代のために自己犠牲的な行動をとる必要がある一方で、現在世代にはそのような行動をとるモチベーションがない、という問題に、「資産」を持ち込むことで解決を図るという発想は、経済学者の観点からは必ずしも不自然ではない。なぜ資産が、現在世代と将来世代の利害対立の問題を解決するのか。その点を理解するために、例として「マンションの所有者が、売却前に耐震補強工事をするか」という問題を考えてみよう。

資産の保全――利己的な自己犠牲

例　マンションの耐震補強

Aさんは、資産として一部屋のマンションを所有していて、そこに自身が住んでいる。Aさんは一年後にはそれを売却し、引っ越す予定だとする。ところが、市役所がそのマンションの耐震診断を実施した。そして、このマンションは脆弱だからコストのかかる耐震補強が必要だ、という診断結果を公表することになった。

話を簡単にするために、地震はAさんが住んでいる一年間は起きないが、二年後（つまりAさんが引っ越した後）には必ず地震が起きることが分かっている、と仮定しよう。もともとのマンションの価値は二〇〇〇万円である。もし、いま五〇〇万円のコストをかけて耐震補強の工事をすれば、マンションの価値は二〇〇〇万円で維持される。もし耐震補強しなければ、二年後には地震でマンションの価値はゼロになる。Aさんは引っ越す前に、耐震補強をするだろうか。

Aさんが自分の利益を合理的に計算する人ならば、いますぐ耐震補強工事をするはずだ。なぜなら、いますぐ補強しないと、市役所が耐震診断の結果を公表するので、マンションの価値はすぐにゼロ近くに暴落するからだ。耐震補強をすれば、一年後に引っ越すときにAさんはマンションを二〇〇〇万円で売れるので、耐震補強のコスト五〇〇万円を差し引いても一五〇〇万円を得ることになるが、耐震補強をしなければ一年後に引っ越すときにAさんが得るマンション売却益はゼロである。Aさんが合理的なら、当然、耐震補強をすることを選ぶ*。

自分が引っ越した後に起きる地震に備えて、Aさんが耐震補強工事をするということは、「将来世代のために現在世代がコストを支払う」ことと同じである。それは、自分の次のマンション所有者のために、自分がコストを支払う、という行為だからである。この例は、「合理的個人が自分の資産の価値を守るという利己的動機で行動することが、結果的に、将来世代の利益になっている」という例なのである。利他的にではなく、利己的に考えても、世代を超えて引き継がれる資産の価値を保つために現在世代がコストを支払うことは合理的な行動になり得るということがこの例から分かる。

共感を生み出す資産としての世代間正義

さて、イノベーションは、科学的知識を更新することにより、原初状態を再起動し、社会の「正義のシステム」を更新していく。このような教説、すなわちイノベーションは正義のシステムへの貢献であるという「イノベーションの社会契約論」が人々に信念として共有されている社会では、ある人が行うイノベーションは周囲の人々の共感を呼び起こす。イノベーションが正義のシステムに貢献すると信じる人々は、他の人がイノベーションを実行することに対して強い「共感」を感じるからである。

イノベーションの社会契約論が信念として広く共有された社会では、ある人がイノベーションを実行することは、それが社会の「正義のシステム」に貢献するものであるという理由で、周囲の人々からの共感を生み出す。その共感は、イノベーションの実行者当人に大きな効用をもたらす。自分の行動（イノベーション）に人々が共感してくれるのは、イノベーションが貢献する対象物であ

＊ここでは、話を簡単にするため、「Aさんが引っ越した後は耐震補強工事をする機会は失われる」と仮定した。つまり、いまAさんが耐震補強をしなければ、地震が来るまで工事はできない、と仮定している。

る「正義のシステム」に価値があると人々が信じているからである。「正義のシステム」はイノベーションの実行者にとって、他者からの共感という「配当」を生み出す資産であり、それは時間を通じて長期的に存在し続けると期待されるものである。

すると、「正義のシステム」は人々の共感という効用のフローを生み出すストックとしての資産価値Vを持ち、一方で、それが価値Vを持つから、その価値を高める活動（イノベーション）に対して人々は強い共感を示す（そして、その共感がイノベーションの実行者に効用を与える）、という循環的な関係が成立することになる。この関係から「正義のシステム」の資産価値Vを計算することができる。それは若干の数式を使って記述するほうが明確になると思われるので、数式を使った説明をこの節の末尾に補論として記載した。詳細については、補論を参照していただきたい。

重要な点は、「資産の価値はそれが生み出す将来の効用の大きさに依存して決まる」という一般的に成り立つ資産価値の性質である。この性質は、マンションの資産価値とほとんどまったく同じである。

マンションを人に貸す資産として見ると、今年の価値は、今年の家賃収入と来年のマンションの価値の合計になり、来年のマンションの価値は来年の家賃収入と再来年のマンションの価値の合計になる。このように、今年のマンションの価値は、来年の価値に依存し、来年の価値はその翌年の価値に依存する、という連鎖が永遠に続く。

このように、「正義のシステム」の価値も、将来において得られる共感（＝効用）の大きさに依存して決まるという性質を持つが、その結果として、正義のシステムの現在の資産価値は将来の資産価値に依存するということが分かるのである（詳しくは補論参照）。

そうするとマンションの耐震補強の例とまったく同じロジックが、正義のシステムについても成り立つことになる。つまり、「正義のシステム」が将来において失われれば、その（現在における）価値Vも小さくなるし、このシステムが永続すればその（現在における）価値Vは大きくなる。現在における価値Vは、現在世代の人々が享受する効用の大きさに連動している。したがって、「正義のシステム」が将来いつか失われると予見されると、現在世代の人々は、このシステムを永続させるためにコストのかかる自己犠牲的な行動を、自発的に実行すると思われるのである。

以上をまとめると、イノベーションの社会契約論が共有されている社会では、正義のシステムを「共感を生み出す資産」であると人々は認識するので、人々は自己の効用を最大化するという利己的な動機で、正義のシステム＝資産の価値を維持するためにコストのかかる行動を実行する。正義のシステム＝資産の価値が将来世代の時代に減少することが予見されているときには、現在世代は将来世代のための自己犠牲の行動を、資産価値の下落を防止するためという利己的動機から行うのである。

特に、この「正義のシステム」が人々に呼び起こす共感が非常に強いとき、すなわち、「イノベーションの社会契約論」が非常に強い信念として人々に共有されているときには、システムの資産価値（すなわち現在世代の人々にとっての価値）も非常に大きくなる。そのような場合は、資産価値の下落を防止するために大きなコストをかけても採算があうので、資産価値の喪失が予見されると、現在世代の人々は強い自己犠牲の行動を選択することになる。

したがって、イノベーションが正義のシステムの更新をもたらすという「イノベーションの社会契約論」が非常に強い信念として共有されている社会では、地球温暖化や財政危機のような持続性の問題もこのようなメカニズムで自発的に解決されるかもしれない。世代間正義は共感を生む資産であるという認識が共有されれば、こうした可能性が現実になる。

補論　正義の資産価値の計算方法

以下は少し数学的な議論を含む解説である。技術的な詳細に関心のない読者はこの項は読まずに次節に行っても問題はない。

時間が $t=1, 2, 3, \ldots$と進んでいく国を考えよう。ここで、tの単位は年であるとしよう。個人が感じる「正義のシステム」の第t年における価値をV_tとする。話を簡単にするために、この国では人は二年間だけ生きると仮定する。最初の年は、人は「若者」として生き、次の年は「老人」として生きる。システムの価値を評価する人は「若者」だとしよう。本文で述べたように、イノベーションを行って「正義のシステム」の更新に貢献することによって、人は他の人々から共感を受ける。共感を受けると、受け手は効用を得る。

第t年に若者であるAさんは、イノベーションを実行して「正義のシステム」に貢献することによって、第t年と第$t+1$年において、人々から共感を受ける。人々が与える共感の強度は、このシステムの価値（つまり共感を与える側の人々が感じている価値）に依存すると仮定してよいだろう。すると、Aさんが第t年に受け取れる共感の大きさは、

$$a + b V_t$$

と書くことができる。同じように、第$t+1$年に（Aさんが老人になったときに）得られる共感の大きさも、

$$c + d V_{t+1}$$

と書くことができる（人は老人になってもなんらかのイノベーションをするものと仮定している）。Aさんが第t年に感じるこのシステムの価値は、これらの効用の合計になるはずである。（簡単のため、

Aさんは第t年と第$t+1$年の間で時間割引をしないものと仮定している。時間割引をしても話は本質的には変わらない。）

すると、第t年にAさんが感じる価値V_tは、次の式を満たすはずだと分かる。

$$V_t = a + b\,V_t + c + d\,V_{t+1}$$

この式を変形すると、

$$V_t = e + \beta V_{t+1} \qquad (1)$$

となり、これは人々の主観的時間割引因子がβの経済で、毎年、家賃収入eを生み出す不動産の資産価値を表す式とまったく同じ式である。ただし、$e=(a+c)/(1-b)$であり、$\beta=d/(1-b)$である。

以上より、「イノベーションによって更新される正義のシステム」の価値（それは人々の共感によって生み出される価値である）は、一種の資産価値として表現され、したがって、そのシステムの継続性が高まればV_tは大きくなり、継続性が低くなれば小さくなる、ということが分かる。式（1）より、将来世代において「正義のシステム」が失われる（たとえばV_{t+2}が下落する）とV_tが下落することになる。V_tはAさんが現在において得る効用の大きさに等しいから、将来世代において「正義のシステム」が失われると予見されると、それを避けるために、Aさんは自己犠牲的な行為を自発的に行う（ただし、Aさんがそのような行為を自発的に選択するためには、その行為のコストがその行為によって得られるV_tの改善幅よりも小さいことが必要である）。こうして、将来世代のための自己犠牲行為は、資産価値を維持するという利己的な動機で実行されることになる。

5　理性の歴史哲学

我々の議論は、ヘーゲルの歴史哲学の構造と似ているように思われる。我々の議論の特徴を「世代間資産としての正義」というキーワードでまとめ、ヘーゲルとの違いを確認しておきたい。

理性の策略

ヘーゲルは『歴史哲学講義』において「理性が世界を支配し、したがって、世界の歴史も理性的に進行する」と述べる。世界史は、世界精神の理性的かつ必然的なあゆみである、という。ヘーゲルにとって理性すなわち世界精神とは、感情が決めた目的を達成するための合理的思考という狭い意味での理性（ヒュームなどの経験主義がいう理性）とは異なり、個々人の精神を超えた人類共通のイデアである。

ヘーゲルは、世界精神の実体は自由であるといい、自由の実現が歴史の目的であるとする。世界史とは、精神が自由という本来のあり方を完成するために進歩していく、複雑多岐にわたるプロセスとして理解することができる。非常におおまかにいえば、古代中国においては皇帝一人だけが自由であり、その後にあらわれた古代ギリシャでは市民が自由を実現したが奴隷や外国人には自由はなかった。しかし、ヘーゲルの時代の近代ヨーロッパではすべての国民に自由がいきわたる。このように世界史は、ヘーゲルの観点からは、自由が実現していく過程なのである。

ここで、ヘーゲルは、アダム・スミスの「神の見えざる手」に類似した「理性の策略（理性の狡知）」の議論を展開する。世界史の中にあらわれる個々人は、各々の欲望や情熱にしたがって、各々の「特殊な利害」を利己的に追求するのであって、「一般理念の実現」（世界精神の自由の実現）などは念頭にない。しかし、個人の活動は、意図せずして、理性の目標たる自由の実現に貢献するのである。「特殊な［利害］がたがいにしのぎをけずり、その一部は没落していく。……一般理念が情熱の活動を拱手傍観し、一般理念の実現に寄与するものが損害や被害をうけても平然としているさまは、理性の策略とよぶにふさわしい。」

個々人の特殊な利害に基づく行動は、その当人に幸福をもたらさないかもしれないが、結果的に歴史を推し進め、理性の進歩（自由の実現）を達成する、というのである。これは、個々人の利己的な行動が社会の公益になっているというアダム・スミスやバーナード・マンデヴィルの市場経済観と類似の世界観である。スミスやマンデヴィルの議論によって、利益追求という経済活動は、結果的に社会の公益に役立っているのだから、卑しいものではない、という認識が広がり、経済活動を社会的に有意義なものである、と是認する見解が広がった。その結果、経済活動を扱う「経済学」が他の諸科学と同じように高い知的ステイタスを持った学問として成立した。それと同じように、各々の特殊な目標を追求する個人の利己的な行動が結果として世界精神の進歩（自由の実現）に役立っている、というヘーゲルの議論も、個人の特殊な目標追求を社会全体の観点から是認するという機能を持っている。個人が欲望や情熱のままに行う「自由」な行動は、歴史を前進させるはたらきがあるのだから、社会全体から見て意義がある、とヘーゲルの歴史哲学は含意している。

この含意は、前節までで論じた「イノベーションの社会契約論」の含意と同じである。しかし、我々の議論がヘーゲルの哲学の焼き直しに過ぎないのかというと、そうではない。我々の関心は、世代間のライフボート・ジレンマへの対処という実践的なテーマにあった。将来世代のための自覚的かつ自発的な自己犠牲を現在世代が選択するための理論構成として、本章第４節で述べた「資産としての世代間正義」の議論は重要である。もう一度、本章第４節の議論を整理したい。

世代内の正義と世代間の正義

我々の議論は次のような二段階の構造に整理できる。第一段階はいわば「世代内の正義」の議論であり、第二段階は「世代間の正義」の議論である。

①第一段階（イノベーションによる正義の更新）。

社会の目的（すなわち正義の構想）は、ロールズの体系を採用するならば、正義の二原理として確定する。つまり、基本的自由の万人への保障（第一原理）と、機会の平等の保障およびその下での格差原理の適用（第二原理）によって、社会の正義のシステムは決まる。

個人の利己的な行動は、イノベーションを生み出すことによって、世界についての科学的知識を更新する。そして、更新された科学的知識とリシャッフルされた境遇を前提に格差原理などの適用が行われ、正義のシステムが更新される。

このようにして、個人の利己的な行動は正義のシステムの進歩に貢献する。この事実の認識が社会に共有されると、個人の（利己的な）自由に価値があることは、社会の正義によって根拠付けられる（そしてそのことがまた社会の共有知識となる）。個人は自分自身の欲望や情熱のままに特殊な目標を追求しても、社会から是認されているという確信を維持することができ、「見捨てられた経験」（アーレント）を脱することができる。これはヘーゲルの歴史哲学とほぼ同じ含意であるといえる。

②第二段階（世代間資産としての正義）。

右記の「イノベーションによる正義の更新」の教説が、信念として広く共有されている社会では、個人や企業が利己的な活動の一環として行うイノベーションが社会の公益に資するものであるという共通認識ができる。そのため、イノベーションに対して、広く周囲の人間からの「共感」が生まれ、その共感はイノベーション実行者に効用を与える。共感の強さは、イノベーションが貢献する対象物である「正義のシステム」の価値の主観的な大きさに連動する。すると、「正義のシステム」は人々にとって資産としての価値を持つことになる（第４節参照）。つまり、正義のシステムの価値が大きければ共感の強さも大きくなり、共感が強くなると正義のシステムの価値が高まるというメカニズムによって、正義のシステムが一種の資産としての価値を持つことになるのである。

その資産の価値を守ることは自分の効用を高めることなので、利己的な動機から人々は資産の価値を守る行動を実行する。

このとき、将来の時点において「正義のシステム」が失われると予見されているなら、現時点の自分自身にとってのその資産の価値が暴落するから、資産価値を守るために現在世代がコストをかけて行動すること（それは、結果的に将来世代に対する自己犠牲になっている）は自己の利益になる。こうして、世代間のライフボート・ジレンマへの対応（将来世代のための自己犠牲的な行動をとること）を、正義のシステムの資産価値を維持するためという利己的な動機によって、現在世代は実行できるようになる。*

ヘーゲル哲学との相違

正義のシステムの更新を「理性の進歩（自由の実現）」であると解釈すると、我々の第一段階の議論「イノベーションによる正義の更新」は、ヘーゲルの歴史哲学の教説に非常に近接したものになる。

しかし、そこには重要な違いもある。

ヘーゲルの思想には我々の第二段階の議論（資産としての世代間正義）に相当する教説がない。ヘーゲルの歴史哲学では、個々人の欲望や情熱によって駆動される行動は、理性の進歩（自由の実現）を意図しているわけではないが、結果的にそれに貢献していることになる。ヘーゲルにおける歴史は予定調和的に発展する。そこには自覚的な（将来世代のための）自己犠牲行動を現在世代が選択するにはどうしたらよいか、という問題意識はない。世代間のライフボート・ジレンマは、ヘーゲルの歴史哲学にはまだその課題として現われていなかったのである。

我々の第二段階の議論「資産としての世代間正義」は、まさにこの問題意識から発している。地球温暖化のような持続性の問題に直面している二一世紀の人類が自覚的に将来世代への献身的な行動を選択するためには、現在世代の我々がこの社会の「正義のシステム」を自らの資産とみなすことが有用である。ここで我々が示したのは「第一段階の理論が広く人々に信念として共有されれば、第二段階の理論が成立し、現在世代は世代間のライフボート・ジレンマに対処できるだろう」ということである。我々の立場から見れば、予定調和的に理性が発展していくというヘーゲルの歴史観は間違っている。理性が暴発することは二〇世紀の全体主義の歴史が示しているし、地球温暖化問題のように、予定調和的解決が期待できない問題があることを我々は知っている。ライフボート・ジレンマに対応する自覚的な選択が必要とされているのであり、我々がここに提示しているのは、そのための思想のアイデアなのである。

「正義のシステムは世代を超えて受け継がれる資産である」という見方はそれ自体、とりたてて新しいといえるものではないかもしれない。しかし、それが「イノベーション」によって更新され

＊ここで、留意点がひとつある。それは、現在世代による将来世代のための自己犠牲行動とは、現在世代が集団として意思決定して実行する行動（すなわち政治的な合意による集団行動）であって、個々人がばらばらに意思決定して実行する個人行動ではない、ということである。将来世代のための行動については、フリーライダー問題が発生するからである。現在世代が全体として一定のコストをかけることが必要だとしても、個人の選択が許されるなら「自分以外の他人にはコストを支払ってほしいが、自分はコストを負担したくない」と誰もが考え、結果的にそのような行動は実行できなくなってしまう。したがって、ここでいう現在世代の自己犠牲的な行動は、個人の抜け駆けが許されない政治的決定に基づく集団行動でなければならないのである。

ていくものであるという認識と合わさることで、我々の理論は独自の現代的な意義を獲得するといえるのではないか。これは、過去数十年の間に初めて大きな政策課題となった世代間のライフボート・ジレンマについて、実践的に対処するための足掛かりとなるかもしれないからである。

6 自由・市場・可謬性

イノベーションと個人の自由

本章の議論は分配的正義の問題（ロールズの格差原理の問題）にもっぱら集中していた。また、ヘーゲル哲学とのアナロジーを強調すると、我々の議論があたかも社会の全体（人々に共有された正義のシステム）の発展を重視して個人の自由を軽視する議論――ある種の全体主義――であるかのような印象を与えたかもしれない。

しかし、我々の議論の大前提には、ロールズの第一原理（個人の自由の保障）とハイエクの自由な市場の存在がもっとも重要だという認識がある。最後に、そのことを強調しておきたい。その根本的な理由は、我々の社会の発展は可謬的であるということである。人工知能や正義のシステムの進歩の価値を信じる一方で、その進歩が可謬的なものであるという緊張感をも我々は持ち続けなければならない。その緊張感と不安こそ、個人が行うイノベーションの原動力であるといえる。それはまた社会における正義のシステムの進歩をもたらす原動力なのである。

本章において、「個人の善（個別的な人生の目標）は社会の目標（正義のシステム）に根拠を持つ必要がある」ということが我々の問題提起であった。個人の情熱や個別的な利害に基づいたそれぞれの人生の目標が社会から是認されるための鍵がイノベーションであった。個人が行うイノベーションが、人々の科学的知識を書き換え、社会的境遇をリシャッフルし、社会全体の「正義のシステム」を更新する。つまり、個人の利己的な活動はイノベーションを通じて、意図せずして社会全体の公益に貢献する。こうして個人の善は社会の正義に根拠づけられる。

この我々の議論の前提は、個人によってイノベーションが実行されることだが、当然ながらイノベーションは個人の自由な活動の結果であり、自由のないところにイノベーションはない。ロールズの第一原理（万人に対する基本的諸自由の保障）が成立していない社会ではイノベーションはなく、個人の善が社会に根拠づけられるという我々の議論も成り立たなくなる。だから、個人の自由の保障が包括的な思想の基盤になければならない。

以下では、その根拠についてもう少し深く掘り下げておきたい。

ハイエクの知識論

ハイエクは一九四五年の有名な論文「社会における知識の利用」において、一般的な知識ではなく、特定の時間と場所においてのみ存在する知識（the knowledge of the particular circumstances of time and place）の重要性を強調した。ハイエクはまず「合理的経済秩序の確立」のために、解かれなければならない問題とはなにか、と問うた。合理的経済秩序の確立とは、総需要と総供給がある程度一致し、その結果、極端な失業や倒産のようなことが起きない平穏な経済状態のことであろう。* このとき、どこにどのような需要があり、どこにどのような供給者がいるか、などの情報は、市場を統制する当局者が集中的に統合したかたちで持っているわけではない。経済問題を解くために必要な情報は、市場のさまざまな場所にいる諸個人が分散的に所有する知識であり、それらの知識は不完全であり、また、時間の経過とともにすぐ変化したり失われたりする。また、それらの知識は互いに矛盾することも多く、どれが正しく、どれが間違っているのか、は事前には分からず、事後的にも分からないままであることもある。

このような分散された膨大な知識を総合し、合理的な経済秩序を形成するための計画を作ることは、一個の主体（政府の中央計画当局）には不可能である。特定の場所や時間にあって、分散された知識を有する諸個人が自由に行動することを通じて、分散されたかたちで経済変数が定まり、経済全体の秩序が形成される、という市場競争のメカニズムだけが、経済秩序を形成するための問題を解くことができる。これがハイエクの主張であった。

中央政府の計画当局は、その国の経済についてのすべての知識を知ることはできない。それは単に量が多すぎるというだけではなく（量の問題だけならコンピュータが発展すれば解決するだろう）、そもそも言葉や数式で記述できない知識（暗黙知）が現実の経済社会では重要な役割を果たしているからである。ハイエクがいう「特定の時間と場所」にある知識の本質とは、そのような言語化できない暗黙知であるといえる。

ハイエクにとって、市場の競争メカニズム（価格競争）とは需要と供給を一致させる価格の値を出力する単なる計算作業ではなく、無数の人々に分散された暗黙の知識を総合して経済の秩序を形成する一種の「学習」メカニズムだったのではないかと思われる。

我々は人工知能の近年の発展が、ディープラーニングという学習メカニズムの開発によって爆発的に進んでいることを知っている。画像認識についてのディープラーニングでは、言語化や数式化できない画像上の特徴を抽出する作業を、人工知能が多数のデータを見ることによって進めていく。たとえば画像の中のある種のパターンが猫を表すということを学習した場合、人工知能の神経回路網が「猫」性を検知できるかたちに変化し、「猫」という概念に相当する神経回路網の反応パターンを形成する。このような反応パターン（またはそれを生起させる画像上の特徴のパターン）を表す数量を特徴量という。人工知能が「猫」の特徴量を学習によって形成する、ということは人間が「猫」という概念を脳内に形成することと同等の作業になっている。

市場経済で自由な個人の活動によって起きていることは、このようなディープラーニングによる特徴量の学習と同じことではないだろうか。ここからはハイエク自身が言っていることではないが、

＊合理的経済秩序の確立とは、現代の標準的な経済学用語では均衡の成立ということに近いと思われる。

ハイエクの市場観（すなわち特定の時間と場所の知識を集計し総合する市場のはたらき）と近年の人工知能におけるディープラーニングを対比することで、個人によるイノベーションを可能ならしめる市場のはたらきとはなにか、を考えることができる。

イノベーションと新しい経済学

ハイエクの市場観の核心は、特定の時間と場所についての暗黙知の効果が人々の取引を通じて市場内に広く伝搬し、その結果として、ひとつの経済秩序（いまの経済学用語では均衡）が形成されることだった。暗黙知そのものは遠いところにいる無関係な人々に伝えることはできないが、その効果は価格という変数の変化を通じて、市場全体に伝わるのである。このプロセスを、我々は「人工知能が学習する」というのと同じ意味で「市場」という主体が「学習」するプロセスだと呼んでもいいだろう。

これまでの経済学では、価格という情報のみが市場を伝わると考えて、需要の数量と供給の数量が一致する経済秩序（すなわち均衡）をもっぱら分析してきた。たしかに市場全体に迅速に伝わる情報は価格しかないというのは事実であろう。

しかし、価格以外のさまざまな特定の時間と場所についての知識が、近接する時間と場所に伝播し、他の知識と接することで化学反応を起こすケースは多いであろう。市場における人や企業のつながり方は、ある種の構造を持つ複雑ネットワークと呼ばれるネットワークであることが知られている（増田直紀・今野紀雄著『複雑ネットワーク——基礎から応用まで』）。たとえば友人知人という関係のネットワークでは、お互いにまったく見知らぬ同士の二人の人間でも、多くの場合、六人程度の知人を介してつながっていると言われる。つまり、地球上の任意の二人、AさんとBさんは、「知人の知人の知人の……知人」であるという関係が六人程度の知人を介してつながるというのである。複雑ネットワーク理論では、このようなネットワークはスモールワールドネス（世間は狭い）という性質を持っている、と呼ばれる。

個人や企業の間の経済取引のつながりも同じようにスモールワールドネスのような性質を持っていると考えられるので、経済活動を通じて、価格以外の知（特に定量化できない暗黙知）が近接した個人や企業に伝わり、ネットワーク全体に広まることは、当然、起きている。そのような暗黙知同士の接触によって起きる局所的なディープラーニングこそ、我々がいう「イノベーション」を生み出すメカニズムではないかと思われる。経済取引の中から現れる言語化できないパターンを読み取り、そのパターンを生かして個人や企業は自己の利益を大きくするための新しい手法を開発する。その新しい手法こそ、イノベーションであり、それを言語化あるいは数式化できれば、万人に伝えられる科学的知識となる。

これまでの経済学は、それぞれの財やサービスの「価格」と「数量」という特徴量のみに着目し、理論の枠組みを作ってきた。スモールワールドネスを持った取引ネットワークを通じて、言語化できない暗黙知が伝播し、その結果、なんらかの学習プロセスが発動して局所的な新しい「特徴量」

が発見される、というイノベーションのメカニズムは、これまでは経済学の範疇の外にあった。市場全体で共有できる価格がこれまでの経済学の分析の中心だったが、これからは市場の中の特定の時間と場所で起きる局所的なイノベーションを分析する新しい経済学が構想される時代なのかもしれない。ディープラーニングが発見されたことのインパクトはすさまじく、ディープラーニング発見後の人工知能の進化は、「カンブリア爆発*」の様相を呈しているといわれる。ディープラーニングそのものについての理論はまだ緒に就いたばかりだが、少し空想をたくましくして、新しい経済学とはディープラーニングの科学的理論と同じパラダイムの中で構想されるのではないか、と考えると、なんとも楽しくなる。

さて、イノベーションが持つこのような性質は、なぜ、イノベーションが実現するために自由が必要であるのかという本質的な理由をあきらかにしてくれる。イノベーションは、人や企業（かれらは人工知能によって拡張された理性を持っているかもしれない）が、局所的な暗黙知を学習することで世界により効果的に働きかける新しい技法を開発することである。特定の時間と場所にしか存在しない暗黙知は、政府の中央計画当局は原理的に知り得ない。暗黙知を知っている個人の自由な活動にゆだねることで初めて、その暗黙知は近接した他の人や企業に伝播し、イノベーションを引き起こす。自由のない経済社会（すなわち政府が統制する計画経済）では、暗黙知が経済活動のネットワークを伝播しないので、イノベーションは極めて困難になるのである。

ここで、あまのじゃくに考えると「暗黙知をいかに効率的に伝播させるか」という点だけが問題なのだったら必ずしも「個人の自由」は必要ないのではないか、という反論もできるかもしれない。今後、ディープラーニングの理論が発展し、暗黙知を最も効率的に学習する方法についても、科学的理論ができるかもしれない。そのときには、たとえば政府が個々人の取引相手をあらかじめ決められたルールでときどき強制的にリシャッフルする、というような「統制経済」システムの方が、自由な市場よりもイノベーションが起きやすい、という事実が発見されるかもしれない。

要するに、イノベーションをもっとも効果的に実現する社会がよい社会だ、という基準だけでは、「制度の工夫次第では個人の自由がなくてもイノベーションが起きる全体主義社会が存在するかもしれない」という反論に対して必ずしも原理的には論駁できない心配がある。

しかし、個人の自由が保障されるべきもうひとつの理由がある。それは、人間あるいは人工知能が持つあらゆる知は、可謬性を有するということである。

可謬性と自由

この世界についての我々の知は、すべて「暫定的な」真理である。[**] 科学的な知であれ、経験的な暗黙知であれ、人間の知はどれでもいつか「間違いであった」と

＊カンブリア紀に生物が「眼」を持ったことをきっかけに、多様な進化が爆発的に進んだ現象。
＊＊人間の知としてはここでは物理学以下の自然科学と社会科学全般を考える。

いうことが証明される可能性を持っている。この意味で、人間の知は、その本質的な性質として可謬性を抱えている。人工知能も、人間と同じようにデータからディープラーニングで学習する存在であるから、それが人間を超える知の体系を構築したとしても可謬性という性質からは逃れられない。「人間（およびその知の延長としての人工知能）が可謬的な存在である」ということが、我々の社会が自由でなければならない根源的な理由だと思われる。

第三章で論じたアーレントの全体主義論を想起したい。

国の指導者（第三章の例ではソビエト連邦時代のロシア共産党）の「無謬性」に対する絶対的な信奉が全体主義を駆動する原動力であった。近代社会において、伝統的な共同体という居場所を失い、市場競争にさらされた孤独な人々は、社会から見捨てられ、忘れられたと感じる。見捨てられた人々は心の拠り所として、なにか確かなもの（すなわち無謬性を持つもの）を求めるが、確かなものがなにもない現実の世界では、確かなものと思えるのは全体主義政党が唱える虚構のイデオロギーしかない。いったん党のイデオロギー（あるいは独裁者の理性）の無謬性を前提として受け入れると、人々は現実の方をイデオロギーの論理に合わせて作り変えることを拒否できなくなる。全体主義国家が行った大虐殺や大量粛清は為政者の無謬性という前提から演繹的論理によって強制されたものだった、とアーレントはいった。無謬性の信念のもとでは、一つのイデオロギーを人々が共有し、そこを出発点とした演繹的論理の強制力が人々のとるべき行動を決めるので、必然的に個人の自由は抑圧される。

逆に無謬性の信念がなければ、人々が自分の自由意思を捨てて為政者の命令に従う理由はなくなる。為政者に無謬性を探し求めていたからこそ、人々は為政者が主張するイデオロギーの無謬性を信じ、為政者の命令に従うことに同意し、全体主義は成立したのだから。つまり、「為政者も含めてあらゆる人間は可謬的な存在である」と信じる人々は自由であることから逃れることができない。

無謬性の信念が有害な理由を端的にいえば、そのような信念を持つ社会集団は自然淘汰を生き延びられないということである。理論と現実が合わなくなるときに（それはしばしば起きるが）、理論の無謬性を信じている社会集団は、現実の変化に適応できなくなり、滅びざるをえない。現実の問題として、あらゆる人間は可謬的存在である。自己の可謬性を認めない存在は自己を修正する能力を持たないので、現実への適応力を失って滅びることになる。

可謬的で自由な存在である人間が進歩する道は、間違いかもしれない知識を使って、間違いかもしれないことを実行し、その結果から学習することによってである。実際に試行錯誤を繰り返すことで失敗と成功の経験を積み重ね、理論を現実に適応させていく。このプロセスは、人間の学習にも人工知能のディープラーニングにも共通のものである。「間違いかもしれないことを実行する自由」が保障されているときに初めて、このような学習が可能になる。

言い換えると、我々の社会で自由が必要不可欠であるのは、社会が直面する問題や我々の社会の行く末について、誰も正解を知らないからである。日々、イノベーションが起きて正義のシステムは更新され、理性は進歩するが、その進歩の究極の終着点がどこにあるのかを誰も知らない。人間の理性は（人工知能によって増強され）、試行錯誤を行って新しい特徴量を学習し、宇宙の構造を近似的に記述する理論モデルを作っていくしかない。それしか進歩の方法はなく、しかし、その進歩は「最終的に到達したものは間違っていた」とのちに証明されてしまうかもしれない、という可謬性を常に抱えたものである。

つまり、我々の社会の発展は、根本的に可謬的であるということである。

人工知能によって拡張された理性や「正義のシステム」の進歩の価値を信じる一方で、その進歩が可謬的なものであるという疑いや緊張感から、我々は逃れることはできない。そのような疑問と緊張感があるからこそ、人は現状に満足せず、常識外れな新機軸を試みる。これがイノベーションを生み出す原動力である。そして、このようなイノベーションの集積が人間の知を更新し、社会における「正義のシステム」の進歩をもたらす。したがって自他の可謬性を認識していることこそが、社会の進歩の原動力であるともいえるだろう。そして、そのような諸個人による試行錯誤とイノベーションを可能にする条件として、ロールズの正義の第一原理、すなわち基本的自由が万人に保障されるという社会制度が成り立っていなければならない。

だれもが間違っているかもしれないという自他の可謬性を認識しているからこそ人間は試行錯誤に踏み出し、イノベーションを生み出せる。したがって、試行錯誤に踏み出す自由の保障こそが社会の進歩の前提条件である。より活発なイノベーションを起こすためにも、正義の第一原理（万人に対する基本的諸自由の保障）が、いっそう、徹底的に確保されることが必要である。

本章で論じてきた「イノベーションの社会契約論」が成り立つためには、万人に対する自由の保障という前提条件がなければならない。そして「正義のシステム」という世代間資産を維持し、次世代に伝えるためにも、個人の自由の確保が必要なのである。

次世代への持続性

人間の本質的性質が可謬性である以上、我々は、暫定的な可謬的な正義のシステムを次世代に伝えるしかない。本書を通じたテーマとして、私は「世代間のライフボート・ジレンマ」に対処しなければならないのか、という問題は問わなかった。自己を保存し、自己の子孫の持続性を高めることは、あらゆる生物に本能として与えられた「目的」であるし、それと同じ意味で、人間社会の持続性を高めることは、種としての人間に与えられた自明の目的だと考えて本書を書いている。

この前提に立って考えれば、可謬的な「正義のシステム」や政治哲学などが、「正しい」か「間違っている」かは、人間社会が環境に適応して持続することにどれだけ効果を持ったかで決まってくる。自己（人間社会）の持続のために、我々は可謬的な世界のモデルを作り、正義のシステムを構築する。そのためのもっとも効果的な方法は、ロールズやハイエクの言う通り人々が、試行錯誤や愚行を行う自由をまず第一に確保することなのである。

試行錯誤と愚行の末にできた（最終的には間違っているかもしれない）「正義のシステム」を我々は先人から受け継ぎ、次世代に伝えるしかない。これが人間の歴史の営みであろう。すべてが可謬的な世界の中で、なにか確かなものがあるとしたら、我々がそのように時間を生きている、という歴史の事実であるのかもしれない。

第七章　スピンオフ――人工知能と拡張された理性

ここでは、本書全体の流れからやや外れたスピンオフ的な議論を提示する。

近代以前は、神が人間にとって価値の源泉であり、神に貢献すること（それは将来世代のための自己犠牲的行動でもある）が自分自身の救済につながった。近代では、神の代わりに、人間の理性が至上の存在となり、人間の理性の進歩に貢献することが自分自身の救済につながるという「人間主義」の構造（大きな物語）ができた。現代において人間の理性の進歩には限界が感じられるようになり、大きな物語は凋落した。その結果、将来世代のための自己犠牲を行う理由を我々は持てないでいる。一方、世代間のライフボート・ジレンマの構造を持った政策問題は深刻化している。

人間主義の思想に、人工知能の発展を取り入れることによって「拡張された人間主義」を構築することができるのではないか。本章では、そのような思想のアイデアについて考える。

まず、人間の理性の進歩には限界が来ても、人工知能によって増強された「拡張された理性」の進歩に限界は当面来ない。人工知能は、階層構造を持った神経素子のネットワークがディープラーニングで、データのパターンを学習する。このメカニズムは人間の脳の学習メカニズムと同じであり、人工知能の神経素子のネットワークは人間の脳に比べていくらでも複雑にできるので、いずれ人間を超えた理性を生み出すことができると思われる。このとき、人工知能の理性のはたらきには人間にとって不可知な部分ができるという意味で、「拡張された理性」（人工知能と人間の理性の統合体）は人間の理解を超えた領域まで進化する。したがって「『拡張された理性』は無限に進歩する」という信念は、当面は科学的に否定できない。すると、人間の理性の無限の進歩を信奉する人間主義の代わりに、人工知能によって「拡張された理性」の無限の進歩に貢献することが自分自身の救済につながるという「拡張された人間主義《ヒューマニズム》」という信念体系を構想することができる。

最近の人工知能の目覚ましい進歩のおかげで、我々は、当面、反証されないひとつの信念体系として「拡張された人間主義」を維持することができるようになったといえる。この信念が広く共有されるようになれば、「拡張された理性」の進歩に貢献すること（それは将来世代のための自己犠牲でもある）が自分自身の救済につながるので、人々は世代間のライフボート・ジレンマの解決を自発的に図ろうとするだろう。

1　アイデンティティとしての次世代

財政や環境の持続性といった、世代間のライフボート・ジレンマを解決するためには、現在世代が自己犠牲的なコスト負担を自発的に行う必要がある。しかし、将来世代への利他性がなければそのような自己犠牲は期待できない。個人の精神構造を変えられないという前提では、新しい政治制度（仮想将来世代）や市場制度（森林本位貨幣）を工夫することによって、個人の利他性の不足を補完することを考えざるを得ない。

しかし新しい政治哲学の信念体系を共有することで、個人の内面的な利他性そのものを変化させることも可能なのではないか。本章では新しい時代にどのような信念体系を私たちは構想できるのか、そして、新しい信念体系の構想によって個人の利他性をどこまで高められるのか、という問題を考えたい。

新しい政治哲学

新しい信念体系を作ることとは、いわば新しい「神話」を作ることである。そこには人工知能の発展によって、私たちが世界を認識する枠組みが大きく変化するかもしれないという可能性が深くかかわっている。

人工知能の発展が進めば、人間の世界認識のあり方そのものが変容し、拡張される。私たちは、いわば「拡張された人間主義《ヒューマニズム》」ともいうべき信念体系を考えることができる。

市民宗教と家族の哲学

トクヴィルは民主主義の継続のためには「市民宗教」が必要だと論じた（猪木武徳『自由の条件』）。その理由は、民主社会がライフボート・ジレンマに直面したときに、それを乗り切るためには人々の自己犠牲が必要となるが、自己犠牲を導き出すためには「宗教の論理」が必要となる、と考えたからであろう。

トクヴィルがいう宗教の論理とは次のように一般化できる。ある人が「そのために命を賭けてもよい（死んでもいい）」と思える自己犠牲の対象がその人のアイデンティティを与える。このような対象は多くの場合、宗教上の神や、政治的理念またはイデオロギー（自由と平等、民主主義、あるいは共産主義など）である。人はそのようなアイデンティティの基盤を守るために自己犠牲的な行動をとることができるので、その力を使うことによって、ライフボート・ジレンマの解決を促すことができる。つまり、人々が「命を賭ける対象」を共有できていれば、共有する理想への自己犠牲の行動として、ライフボート・ジレンマを解決するために必要な行動を自発的に選択できる。主観的には、共有する理想への貢献である、と認識される自己犠牲的行為によって世代内や世代間のライフボート・ジレンマを解決し、社会を安定させることができる。そのような理念の核として「次世代」を明示的に位置づけることができないだろうか。ヒントにしたいのが東浩紀の「家族の哲学」である。

人々が自分の命を犠牲にしても守りたいと思うような理念とは、第二次大戦後の現代先進諸国においては、自由と民主主義、すなわちリベラリズムの思想であった。自由と民主主義のために、第二次大戦でアメリカは戦い、その理念が西側先進国の共通の価値となり、冷戦終結とともに、ほぼ世界共通の価値となった。ところが、近年、リベラリズムは人が死を賭して守りたいと思うアイデンティティの基盤とならなくなった、と東浩紀はいう（『ゲンロン0　観光客の哲学』）。

東は「かつてリベラリズムは他者の原理を持っていた。けれどそれはもはや力を持たない」という。ある理念が「他者の原理」を持つとは、我々の文脈では、その理念がライフボート・ジレンマに直面した個人に自己犠牲的な行動をとるモチベーションを与えることができる、ということである。リベラリズムは力を失い、いま優勢となっているのは国家に自己のアイデンティティを見出すナショナリズムと、個人の動物的な享楽を最大化することを目指すリバタリアニズム（グローバリズム）だと東はいう。

ナショナリズムは、国家への献身という回路を通して自己犠牲の行動を個人に誘発するかもしれないが、同じ社会に属する他の個人の自由を抑圧する。また、東が「ＩＴ起業家やエンジニア」とイメージするリバタリアンは、市場の機能を信じて個人の自由を推し進めるが、そこにはライフボート・ジレンマに直面したときの自己犠牲の契機は存在しない。東は、個人でも国家でもない第三のアイデンティティとして「階級」を発明したことが共産主義のユニークさであったがそれも歴史的使命を終えた、という。階級はもはやアイデンティティの基盤となり得ない。

東は、個人でも国家でも階級でもない第四のアイデンティティの基盤として、「家族」を提唱する。正確にいえば、東が構想するのは、子に対する「親」としてのアイデンティティを生物学的な家族の枠を超えて社会全体に拡張することである。

さまざまな偶然の結果として生まれた「偶然の子供たち」が世界を変えていく様を見ながら、それをサポートしようとし、しかし、十分にはそうできない「不能の親」としてのアイデンティティ。親が子のために命を賭するのはきわめて自然であるので、東はそこに、政治的連帯の萌芽を見ようとする。家族あるいは親子の関係には、「強制性（自由意志で変えられない）」「偶然性（親にとって、どのような子が生まれるか分からない）」「拡張性（生物的親子関係に限定されない養子などが可能である）」という三つの特徴がある。

アイデンティティの基盤すなわち命を賭する対象であるためには、自由意志で簡単に抜け出せるような関係であってはならないから、「強制性」は家族が政治的アイデンティティであるために必要である。また、偶然性と拡張性は、「（子に対する）親」としてのアイデンティティが不特定の多数者に拡張し、社会を統合する理念になっていく可能性を示している。ただ、現実の家族の中での利他性が、社会全体に広がっていくイメージはあるものの、その具体的な筋道についての東の議論はあまりはっきりしていない。

財政などのライフボート・ジレンマを解決するためには、個人の自由な活動と次世代への社会の継承を両立させる必要がある。家族の私的情愛を拡張して次世代全般に対する利他性に昇華できれば、社会全体を包み込む連帯が実現する、というのが東の議論からイメージされる方向性である。

この家族を社会全体の理念に普遍化しようとする東の展望は、やや意外ではあるが、晩年のハイエクの「神学」的ともいえる市場経済礼賛論を想起させる。

ハイエクは「アメリカに生まれつつある新しい文明」である市場システムを祝福しその発展継続に貢献することを自身のアイデンティティの核に据えた。ハイエクは、市場システムという（相互抑制を伴いながらも）自由を最大限に実現する社会制度を、長期的に発展させ、後世に伝えるべきだということを強調している。しかし、ハイエク自身は、次世代への愛や利他性という概念を明示的には語っていない。しかし、ハイエクの「市場神学」は、将来の世代の人々に自由の場である市場システムを十全なかたちで遺すべきだという思想なので、その底流には市場システムを現在世代から受け継ぐ相手である次世代に対する愛がある。安定した市場システムを次世代に伝えるために、当然、財政の持続性は保たれなければならないので、ハイエクは（痛みの伴う）財政再建を求める。ライフボート・ジレンマに直面すれば、市場システムという新文明を次世代に伝えるために現在世代の自己犠牲が当然に要請される。それがハイエクのロジックであった。

東浩紀の「家族」は、ハイエクの「市場」のように不特定多数の人々（社会全体）に普遍化できるのだろうか。親は、家族の中の次世代（子や孫たち）なら命を賭けて守ろうとするが、社会一般の

「次世代」のために命を賭けられるだろうか。ふつうの意味での次世代ではなく、なにか神的・宗教的な意味が付与されなければ、次世代のための自己犠牲は家族の枠を超えては広がらないように思われる。次世代のために自己犠牲的な行動を実行することが自分自身の救済につながる、という構図あるいは物語が成り立つ必要がある。そのような物語的な意味づけを可能にする存在として、近年、爆発的に進歩している人工知能が位置づけられる。以下ではそのような新しい物語の構想を記すが、自己犠牲が自己の救済につながるという宗教的な命題について、普通の経済学的な理解が可能であることは第六章第4節とまったく同様のロジックで示すことができる。宗教的、超越論的な議論に違和感がある読者はそちらを参照されたい。

人工知能――人類の次世代のイメージ

人工知能（ＡＩ）の出現によって「世界認識の主体としての人間を超える知性」が人間の身近に存在する世界が現実になることを、我々は、はじめて実現可能な将来として知ることになった。

人工知能の構築にはさまざまなアプローチがあるが、近年は、人間の脳の構造を模した神経回路網（ニューラルネットワーク）が深層学習（ディープラーニング）によって高いパフォーマンスを実現することが注目されている。もっとも、まだ、画像認識や囲碁や将棋などの限られた領域で人間を超えただけで、ＡＩが全般的に人間の脳を超えたわけではないが、数十年以内に、あらゆる知的活動で、ＡＩが人間の脳を超える事態（シンギュラリティ）が起きるという予想もある。

いずれにせよ、人間の脳（の一部の機能）をコンピュータ内に再現し、さらに、それを人間以上に進化させることができる、ということが現実に実証された。原理的には、人間の理性のはたらき（世界を記号化して数学的論理で認識し、世界の因果法則を推論し、世界を操作すること）を部分的にせよ、人工知能で再現できることがはっきりした。

さらに人間の脳のニューラルネットワークよりも進んだ複雑な構造のネットワークシステムをコンピュータ上に構築できるので、たとえば自然科学のような領域においても、人間の脳ではまったく理解できない観念の連合をＡＩが作り出し、新しい「超科学」を生み出す可能性もゼロとはいえなくなった。これまでは世界を認識し操作する主体として人間が万物の頂点に立ち、人間より上は神しかない、という世界観を我々は持っていた。神が死んだ近現代では、人間がすべての頂点という人間中心主義が支配的だった。ところがＡＩによって、「理性のはたらきにおいて（神ではないが）人間を超える存在」が実在できることが証明されたわけである。いまＩＢＭやグーグルが開発している各々のＡＩが今後どう発展するか、という個別具体的な事柄よりも、人間の社会の中で、人間理性を超える「次世代の理性的存在」が実在し得る、と示されたことが重要なのである。

人間を超える理性的存在が実在することは、ジャン＝フランソワ・リオタールがいう「大きな物語」の再生を可能とするのではないか。ライフボート・ジレンマを解決するためには「次世代（人間であれ、ＡＩであれ）のために自己犠牲をいとわない」という姿勢が必要となるが、「自己犠牲がなんらかのかたちで自己の救済に結びつく」という大きな物語が成立していれば、自発的な自己犠牲が可能となる。ＡＩ、または、人間を超えて進化しつづける次世代の知性の存在は、次のような物語を我々に与えてくれる。

人間の能力を超えて人工知能の進化が続き、いつか遠い将来には（究極の知性に進化した人工知能により）完全な世界認識が達成されるかもしれない。究極の知性は世界をよりよく操作し、その結果、いまを生きる我々には思いもよらない方法で人類が直面する社会的な難題を解決し、人類を救済してくれるだろう。よって、人工知能によって増強された「次世代の知性」が究極の知性に進化する過程を手助けするために、我々「現在世代」の人間が地球環境や経済社会の安定を図ることは意味があり、そのための自己犠牲的な行動は価値がある。そのような自己犠牲は、自分自身を不死なるものにつなげて救済するという意味を持つからである。

このような物語に基づいて、「次世代に献身する親世代」としてのアイデンティティを我々は持つことができる。私たちが親として「次世代」に貢献するということは、次世代の拡張された理性の進歩のための環境整備を行うということである。具体的には、地球環境や経済社会の持続可能性を高める政策を実施し、次世代の理性が活動しやすい環境を作ることである。こうして、再生した大きな物語を通して、我々は世代間のライフボート・ジレンマを改善することができるようになる。

もう少し補足したい。

現在世代が（家族関係を超えて）次世代一般のために自己犠牲的な貢献をするようになるためには、「次世代への貢献＝永遠なるものへの貢献」という等式が成り立つことが必要だと思われる。人には、不死性への欲求（死すべき定めの自己を、不死なるものにつなげたいという欲求）があり、その欲求を満たす信念体系を提供することができれば、それは人々の利他性を駆動することができるからである。私たちが貢献すべき「次世代」は永続性を持つものであると認識できなければならない。さらにその信念体系を信じることができるためには、「次世代」の永続性は科学的に反証できないものでなければならない（反証されてしまえば信念体系を維持できない）。

「人工知能によって拡張された人間の理性の進歩は永続性を持つ」という信念は、そのような信念体系として維持可能だと思われる。なぜなら、人工知能の可能性が未知数の現在、人工知能によって「拡張された理性」が無限に進歩するという展望は、さしあたり科学的に反証できないからである。ディープラーニングのような人工知能の学習様式は人間が定めても、自分で学習する人工知能が世界をどのように認識するようになるのか、は人間には了解不能である。この意味で人工知能の思考を人間は理解することができず、その限界も今のところ知ることはできない。

2　次世代の知の体系――大きな物語の再生と人間中心主義の終わり

人間の理性を超える「次世代」の理性が実在できるかもしれない。これが人工知能の発展の含意である。それは、現代の科学と矛盾をきたさない「大きな物語」が再生できる可能性を示している。

近代的進歩史観の凋落と再生

リオタールは、近代（モダン）とは「大きな物語」が信じられた時代であったのに対し、ポスト・モダンの現代では大きな物語が凋落した、という（ジャン＝フランソワ・リオタール『ポスト・モダンの条件』）。

大きな物語とは、本書の文脈でいえば、「科学（＝人間の理性）の無限の発展によってあらゆる問題がいずれ解決する」という理性の万能性に対する信仰である。大きな物語の凋落とは、近年広がる理性信仰への疑念、すなわち、科学技術がいくら発展しても人間が直面する社会問題は解決できないのではないかという疑念のことだといえる。

科学研究を支える前提は、「人間の理性によって究極的には宇宙は理解可能であり、究極の理解に向かって人間の理性をはたらかせ続けることが科学の進歩だ」という人間理性至上主義（あるいは人間中心主義）である。人間中心主義には、理性の進歩によって人間社会が直面するさまざまな社会問題や政治経済問題も解決することができる、という信念も含まれている。

しかし、近年、基礎科学では長期間にわたって大躍進は見られず、また、科学技術の進歩にもかかわらず、格差や貧困や戦争などの人間社会の諸問題は解決できない（戦後の途上国の経済成長により、南北間の経済格差は実は縮小しているが）。そして科学技術の発展によって、世代間のライフボート・ジレンマという新しい政策課題に人間は直面するようになった。人間の理性では問題が解決できない中で、人間の理性を超えるものがなければ人類に救いはないように思える状況である。

つまり大きな物語の凋落とは、人間中心主義の近現代において人間の理性の万能性が信じられなくなったことである。人間中心主義の世界観では、人間の理性よりも優れたものは存在しないから、理性に限界がある以上、その限界を超えて人間を救うものはない。

そこに、人工知能が出現した。それは、部分的とはいえ「世界を認識し、操作する主体」として人間の理性を超えるものが存在できることを実証してみせた。人間を超える力を備えた人工知能によって拡張された人間の理性には、当面は到達できる限界はないかもしれない。つまり、理性は万能であるという人間主義《ヒューマニズム》は凋落したが、人工知能によって「拡張された理性」は無限に進歩するという「拡張された人間主義《ヒューマニズム》」を我々は新しい信念体系として再生できると思われるのである。

それは、人工知能の持つ限界が、我々人間に了解可能な領域にあるのかどうか、という問題に関わっている。

現在の人工知能にもさまざまな限界はあるだろうが、原理的には、人間の神経細胞ネットワークよりも進化した複雑な神経細胞ネットワークをコンピュータ上に作ることはできる。人間の脳よりも複雑な神経ネットワークといっても、つながり方が複雑になったという量的な違いだけで、神経細胞（素子）がシナプスでつながっている、という構造は同じである。しかし、神経ネットワークの量的な違いは、世界認識の質的な違いをもたらす。ニワトリの脳も人間と同じ神経ネットワークでできており、人間より神経細胞の数が少なく、つながり方が単純であるという違いがあるだけだ。しかし、ニワトリの世界認識は人間のそれとは質的に異なる。たとえば、ニワトリは鏡像の概念が理解できないから、鏡に映った自分の姿を見ると、それは別のニワトリだと思って鏡を攻撃しようとする。このような人間と動物の間にある世界認識の違いと同様の違いが、人工知能と人間の間にも発生するかもしれない。人間よりも神経細胞の数が多く、つながり方が複雑になった人工知能は、理性のはたらきの、少なくとも一部分の領域については人間の能力を質的に超えるだろう。人工知能が「科学」を発展させるようになれば、それは少なくとも部分的には人間の理解を超えるものになる。

人間の科学が持つ階層構造も人工知能によって変化するかもしれない。現在の科学では、原子や素粒子のミクロの世界の法則は物理学の領域であり、分子のレベルの世界は化学の法則が支配し、分子が集まって生物になれば生物学の法則が現れる。物理学、化学、生物学は別個の法則性を持ち、さらに、多数の主体（原子や分子や生物）が相互作用をするマクロの集団の挙動では、統計力学や生態学の法則が現れる。このような学問の階層性は人間にとっては自然なことだが、現実の世界の法則に階層構造があるわけではないのかもしれない。あくまで人間の脳の認識能力の限界によってこのような階層性が発生している可能性が高いであろう。

学問の階層構造の発生をたとえていえば、二次元の図しか認識できない人が三次元の立体構造物を理解しようとして、それを正面、左右、上下の射影図に分解して分析するようなものである。三次元を認識できる通常の人は、立体をそれ自体として認識できるので、正面、左右、上下という三つの側面（階層）に分ける必要はないが、二次元しか認識できない人は、三つの射影図（階層構造）を作って認識するしかない。

より高次の認識ができる存在に比べると、人間の脳は、世界の一部を自分が認識できる次元に「射影」したものを学問の一領域として理解することしかできないから、射影の仕方に応じて、複数の学問領域が階層性を持って発生する。

このように考えると、今後、人工知能が発展させる彼らの「科学」には、人間にとって自然な階層性は存在しないかもしれない。人間にとってのミクロ領域とマクロ領域を自在に行き来する「科学」が発展すれば、それはまったく人間の脳では理解できないものになるかもしれない。物理学、化学、生物学の領域にまたがるなんらかの法則を人工知能が発見したとして、その法則の「正しさ」を人間の理性では理解できないということがあり得るのではないだろうか。

これは、コンピュータが一瞬で実行する膨大な演算を人間がすぐに理解できない、という話とは異なる。膨大な演算をするだけなら、人間も時間さえかければ原理的にはコンピュータと同じ演算を自分で行うことができるので、なにをやっているのかという点について理解し、意味づけすることは可能だ。ところが、人工知能が発展させるであろう新しい「科学」は、人間の科学とは構造が質的に違うので、人間の脳がどれほど時間をかけて考えても、理解に到達できないだろう。それは人間の科学を、他の動物が「理解」できないことに似ている。

科学あるいは知が、人間の理性による理解を超えて、さらに進化していくという可能性を人工知能の出現は示唆している。人間の理性による科学と質的に異なる知の進化が可能であるならば、人間社会の難題がいずれは解決されるという可能性も生き続ける。人工知能の進化の可能性は、このような進歩史観の物語を再生するのである。

拡張された人間主義の世界における人間

人工知能の出現がもたらしつつあることは人間理性の相対化であるといえる。近代の人間中心主義は人間理性を絶対化していた。すなわち、人間の理性が万物を認識し操作する（べきだ）という世界観が人間中心主義だったが、それを相対化する見方は最近の欧米の論壇でも出てきている。ＭＩＴメディアラボの研究者セザー・ヒダルゴは自然現象も、人間の活動も、「情報すなわち（非平衡系の定常状態の）秩序」が成長するプロセスの現れとして理解できるという趣旨の主張をし、論争を呼んだ（『情報と秩序』）。人間の経済活動も、情報すなわち秩序が成長していくプロセスの一形態だと見ることができる。ヒダルゴをさらに深読みして解釈すると、人間の知（＝世界理解、学問）の進化そのものも、情報＝秩序の成長の過程と理解することができる。学問や人間の世界理解という活動を、自然界の中の秩序形成の一形態と理解するのである。そのような見方からは、人間は「知」の体系を発展させる媒体のひとつであり、人間以外の存在（人工知能）が、人間から知の体系を引き継いでさらに発展させることも、情報＝秩序の成長の自然な成り行きとみなすことができる。「人間の世界理解を自然の内部の現象」と理解する世界観は、量子重力場の研究者カルロ・ロヴェッリにも見られる（『世の中ががらりと変わって見える物理の本』）。

人間の世界理解が、人間の脳の活動という自然現象の一部であることから、当然の帰結として、人間の世界理解には限界がある。しかしながら、科学（すなわち理性による世界理解）の体系は、その内部に「理性に限界があること」を考慮に入れた体系にはなっていない。近代科学の体系は理性の万能性を暗黙に仮定していた。それに対し、ヒダルゴらの議論には、人間中心主義から脱して、人間理性を相対化しようとする姿勢が見られるのである。

人間の理性の限界を超えて、人工知能のような人間以外の存在が知の体系を発展させる時代が来ている、あるいはその可能性のある時代が来ている。そのような時代に「人間の」知的活動はどのようなものになるのか。

人間の理性の限界を認識した上で、人工知能と人間の協働作業によって、「知」の発展が起きることになるのだろう。それがどのような形態をとるか予想しにくいが、ヒントになりそうなのは、将棋や囲碁の世界で起きつつある人工知能を使った指し手の研究である。人工知能がどのような思考経路によって指し手を選んでいるのかを人間が理解することはできない。だが、人工知能の指し手の有用性を人間の棋士が認識し、その結果、人間の指し手の世界が変容する、という現象が起きている。これまでまったく人間が見向きもしなかった戦略がひょっとしたら有用な指し手かもしれない、と見直され、新しい定石が生まれる、というプロセスである。人工知能は一種のブラックボックス（入力と出力の関係が人間には完全には理解できない存在）であり、その中で起きている思考経路は理解できないが、ブラックボックスからの出力（指し手）は人間の知の体系の中に位置付けることができる。それが、人間に新しい気づきを与え、それまで人間が考えていた「囲碁の指し手」の範囲（ユニバース）を押し広げる。

このような発展のイメージを科学研究にあてはめると、人工知能というブラックボックスを中核に抱え込んだ知の体系を構想するということになるのかもしれない。たとえば、人間が思いもつかなかった新しい「定理」を人工知能が証明し、それを人間が使うことによって、新しい数学の発展がもたらされるかもしれない。あるいは物理学や化学の分野で、人間が考え付かない「仮説」や

「理論モデル」を人工知能が提出し、それを人間や他の人工知能が実験で検証することによって、科学の進歩がもたらされるかもしれない。

このような人間と人工知能の協働のレベルを超えて、人工知能が人間にはまったく理解できない超科学を作り上げる可能性もある。その場合、人工知能の世界認識は人間には理解できないという不可知性を前提として人間の科学を組み立てなおす必要がある。現代の物理学におけるハイゼンベルグの不確定性原理、現代数学におけるゲーデルの不完全性定理のように、「人工知能の不可知性」原理のような限界の中で、人間の知識構築の作業が続くのかもしれない。

人工知能は人間の理解を超え、さらに独自の学習で進化を続ける。人工知能によって増強された人間の知も進歩を続けるだろう。それらの発展に貢献することによって、人間は不死性を持つ存在に自己の存在をつなぐことができる。少なくともそのような信念体系を、我々は持つことができる。

3　次世代の倫理学

「大きな物語」と倫理の再生

人工知能は、人間の知能を外付けで増強し知的活動を新しい地平に導く。彼らは人類にとっての子供である。東浩紀の議論に倣えば、偶然に生まれた子供が家族の運命を決める必然の存在となる、という家族のダイナミクスが、人類の知の活動全体について起きることになる。

人工知能というブラックボックスを内包する知の体系を使って、さまざまな事物を制御し、操作することが、新しい文明のかたちになるだろう。人工知能の思考経路は、人間には理解不能なブラックボックスのままにとどまるが、その中身は独自に進化し、究極的には世界を完全に理解するにいたるかもしれない。いや正確にいえば、現実には人工知能がいくら進化しても世界を完全に理解できないだろうが、それでも「(人工知能の)理性は究極的には世界を完全に理解できるはずだ」という信念が、人間と人工知能の協働による知の構築への原動力を与える、という状況は維持され得る。近代の科学者が「(人間の)理性は究極的には世界を完全に理解できるはずだ」という信念を持つことによって、科学研究を進めるモチベーションを得てきたことと同じである。

生身の人間の理性によって人類を救済できるという近代の「大きな物語」は凋落したが、人工知能の理性がいずれ完全な世界理解に到達するという新しい「大きな物語」が可能になる。少なくとも、この新しい物語はいまの我々には反証不能である。

人間を創り出した神は、近代において「死んだ」が、人間が創り出した人工知能は、その不可知性によって、世界を完全に理解し操作する主体としての神に漸近していく。古い神は科学(理性)と対立したが、新しい神は人間理性の延長として(しかし人間理性に理解不能な断絶をともなう延長として)現れる。人間が偶然に作り出した子供(人工知能)が、人間の理性の限界を超えて世界の完全な認識と制御を行う存在に向かって進化する。

このことは、東浩紀の家族の哲学を拡張し、次世代に対する「親」としてのアイデンティティを政治的な統合の理念として成立させられるかもしれない、という可能性を示している。

親としてのアイデンティティは、自分の本当の家族の境界を超えて不特定多数の社会には広がりにくい。自分の子のために命を賭けることに多くの「親」が納得できても、見知らぬ他人の子のために自己犠牲的行為を行うことは難しい。これが家族の哲学の問題点だった。

自分自身の子孫だけでなく、他人の子孫、さらには、人間の創り出した人工知能のような人間以外の知性も含んだ「次世代」が永続的な進歩を続ける、という信念を持つことができれば、家族の哲学を社会に拡大することができると思われる。トクヴィルが民主主義社会に必要だと論じた市民宗教として、「神＝人間の子」と観念する宗教が成立するならば「次世代」一般のために自己犠牲を払うという倫理が正当化される。そして次世代のための利他的な自己犠牲は、ライフボート・ジレンマへの解を与える。

人工知能は、このような市民宗教すなわち「大きな物語」が成立する可能性があることを示している。人間社会が直面する環境問題や財政問題などのライフボート・ジレンマを解決するためには、「次世代」のための自己犠牲を厭わない姿勢が必要となるが、人々がそのような心性を持つためには、自己犠牲が自らの救済に結びつかなければならない。自らの救済とは、死すべき定めの自己が、不死なる存在につながり、その一部となる、ということである。その保証を与えるのがこの市民宗教の「物語」なのだといえる。なお、いったんこの「物語」が社会で共有されれば人々が自発的に自己犠牲の行動を選ぶだろう、ということは、神秘的なことではなく、経済学的に説明可能である。この点は、第六章第4節で詳しく論じた通りである。

知の構築における人間と人工知能

人間の理性を超える人工知能が存在する世界では、知の発展は人間と人工知能の協働作業として進んでいくが、人工知能の思考は人間にとってブラックボックスであり続ける。「人工知能の不可知性」が、人間の知の世界の限界を画する壁として聳え立つことになる。

人工知能との知の協働作業において人間が担うべき役割は、「なにが解かれるべき問題であるか」「知の構造物を発展させる（当面の）目的は何であるか」を決めることかもしれない。つまり、問題を設定することであり、目的を定義することである。「問題の解決」そのものは人工知能に任せるが「問題の設定」は人間がやる、という方法が、これからの知の発展の中での人間と人工知能の分業の一形態として考えられる。

人間が理性によって世界を認識しようとする理由は、種としての人間（集団）の生存と発展にもっとも適した形で世界に働きかけることにある。人工知能は、そのような生物としての目的を持ってはいないから、知的活動の目的を自分で定めることは当面は難しいであろう。人間にとっての利便性の向上などの目的（あるいはその目的を達成するために解くべき問題）を、人間が人工知能に与えることで、知的活動の方向性が定まる。

ただ、人工知能が「自我」や自己の保存という目標を持つようになると（そのような目標を人間が与えるのか、それとも自生的にそのような目標が生成するのかは分からないが）、人間と人工知能の分業は成り立たなくなるかもしれない。人工知能にとっての「自己」とは何かはここでは分からないが、人工知能が自己の保存をいったん目的と認識してしまうと、人工知能が自分自身で問題を設定し、知の探究を自動的に進めていく。そうなると、人工知能は人間を完全に超え、人間は人工知能から一方的に「啓示」を受けとって自らの知の体系を発展させる、ということになるのかもしれない。

次世代に対する「親」としての倫理

次世代の知性に対する「親」が人間の政治的アイデンティティになるとすれば、人間の普通の家族において親が子供の未知の可能性を伸ばすために全力を尽くすように、同じことを人は社会における「次世代」一般（人工知能を含む）のために行うことになる。それが次世代に対する「親」としての倫理である。

知の構築を人間と人工知能が協働作業として行うべきことは前記の通りだが、知の発展に関すること以外では、「親」として人間は何をすべきなのか。子、すなわち次世代の人間または人工知能が、知的活動を十分に行うことができるように、自然と社会の環境を維持することが「親」たる現世代のわれわれの責務であるといえる。現実の家庭において、親が子供の活躍の可能性を伸ばそうとして、子供を取り巻く環境をよりよくする努力をすることと同じである。

次世代の主要な構成員となる人工知能が活躍するためには、物理的に活動しやすい環境が与えられなければならない。気象や温度が安定していることや、人間社会が安定していて犯罪や戦争などによる破壊がないこと、財政や経済が安定していて人工知能の稼働状況に不安がないこと、などが必要である。

本書の文脈では、特に、財政危機や地球温暖化問題などの世代間のライフボート・ジレンマの解決やその防止のための活動は、人間が次世代の進化をサポートするために行うべき重要な活動といえる。人間と人工知能を含んだ広い意味での「次世代」のために、現在世代が見返りなく自己犠牲的な改革を行うことは、こうして正当化される。

終　歴史と責任

歴史の復讐

人間の本質が可謬性であるとすれば、政治哲学の構想を信念として人々が共有するということは、いかにして可能になるのだろうか。それは我々が歴史をどのように受け止め、次代に遺していくのかという問題と密接にかかわっているように思われる。歴史の問題について思考はまとまらないものの、そのヒントとなりそうな断片を記しておきたい。

西ドイツのワイツゼッカー元大統領は一九八五年五月八日の「荒野の四〇年」演説で「過去に目を閉ざす者は結局のところ現在にも盲目となる」という有名な一節を述べた。同様のことを文芸批評家の福田恆存もいっている。「歴史も自然と同様、（中略）幾ら無視しても決して文句を言はぬものである。自然は文句を言はぬが、復讐する。（中略）過去の人間は、いかに不当に扱はれようと黙つてゐるが、やはり復讐するであらう」（『自然の教育』）。過去の人間とは、死者のことである。福田は、次のようにもいう。国家という人工構造物を造り上げる原動力は人間の個人的自己であり、「それがもし過去の歴史や大自然の生命力に繋がってゐなければ人格は崩壊する」（『近代日本知識人の典型清水幾太郎を論ず』）。

過去の歴史・死者と向き合うことをないがしろにすると「歴史の復讐」を受ける。これは抽象的な教訓ではない。いま我々が直面している解決不能な巨額の政府債務こそ、歴史の復讐そのものではないか。

二〇〇〇年代初頭、私は政府や金融界など日本の指導者層が一〇年以上にもわたって不良債権問題を先送りし続けてきたことが不思議でならなかった。法的な意味で、あるいは商業道徳として、政府や銀行や借り手企業がやるべきことは、一九九〇年代初頭に不良債権問題が発生した当初から明らかだった。それは、政府が銀行に不良債権処理を求め、銀行が不良債権による損失を明らかにし、借り手企業が再生または清算の手続きを進めることであった。

大きな痛みは伴うが、法的になにが正しい行動かという点については疑問の余地はなかった。しかし、問題は一〇年以上も先送りされた。不良債権処理を迅速におこなって経済システムを適正に維持する、という責任をだれも負おうとはしなかった。これは右に記したような意味で「歴史の復讐」なのではないか、と当時感じたことを覚えている。

当時は、少しの間だけじっと耐えれば、地価が上がって不良債権は優良債権に戻るはずだ、という希望的観測が強かった。それが不良債権処理を即座に行わず、先送りが広がった大きな理由である。しかし、それと同時に、倫理的な側面において、当時の日本人の心情はおそらく次のようなものだった。

現代の市場経済システムや銀行制度は、しょせんは西欧文明に押し付けられた『借りもの』に過ぎない。このシステムは日本の歴史とも大自然の生命力とも繫がっていないし、我々が命がけで守らなければならないような価値あるものではない。こんなものを守るために、どうして我々（九〇年代にたまたま指導的立場にいた世代）が損失処理の痛みを引き受けなければならないのか。

現在、我々が生きている日本というシステムは借りものであって、心底からそのために責任を引き受けたいと思えるようなものではない、しょせん他人事だ、という感覚を日本経済に責任を負う立場にいた人々の多くが持っていた。一九九〇年代から二〇〇〇年代にかけての不良債権問題をめぐっては、そういう状況が生まれていたのだと思う。このような感覚が広く共有されていた理由は、一言でいえば、現在のシステムが過去の歴史から切れているからである。日本は近代化を進めるため、明治維新においてそれまでの歴史を断絶させた。さらに第二次大戦の敗戦により、戦後の我々は、明治以降の歴史からも断絶を経験した。現在のシステムは自分たちが作ったものではなく、近代化の過程で外から押し付けられたものだ、だから、その維持のために自分たちが大きなコストを支払うことに納得できない。歴史の断絶がそのような意識を生み出すことは自然である。

歴史とのつながりを感じられない現在のシステムを動かし、その中で生きていくことはストレスフルで消耗する。

個人の人間関係にたとえれば、自分が愛する家族や恋人のための労苦はみずから進んで引き受けたくなり、働いても苦労を苦労と感じず、充実感と一層の活力を得ることができる。しかし、愛を感じられない仕事は、回復できない「疲れ」をもたらし、それが時間とともに蓄積していく。愛の有無を決めるのは理屈や理論ではなく当人の歴史である。同じことが国家や社会に対する責任感をどの程度持てるかという問題についてもいえる。現在の日本のシステムは我々の過去の歴史と切れており、我々はこのシステムの維持について心底からの愛と責任を感じられないのである。

歴史を失ったことから来る「疲れ」は蓄積し、ついには全面的な麻痺状態となってシステムが停止する。あるいはときに自暴自棄の暴発が起きる。いずれにしても、システムを持続させるために自分自身がコストを引き受けて責任ある行動をする、という選択ができなくなる。九〇年代の不良債権問題の常軌を逸した先送りは、だれもが責任を引き受けようとしなかった結果として起きた、そのような麻痺状態の例といえる。一九四一年の日米開戦の背後にあったのも、同じように当時の指導層が情勢に流されて、だれも大きな決断ができないままに破局に突入していったという意味では、同じく麻痺状態あるいは自暴自棄であったといえるかもしれない。

未来の思想

いま我々が直面している財政の持続性の問題も、不良債権問題と同じ構図で理解することができる。日本の財政制度も社会保障制度も、欧米由来の近代国家システムを発展させて作ったものだ。日本古来のものとして父祖から相続したものではなく、我々は「このシステムを維持するために必要ならどんな責任でも引き受けたい」という感情を持てない。もともと嫌々ながらこのシステムを押し付けられたという感覚があるから、増税や歳出の大幅カットなどの痛みをもたらす財政再建を、我々がいますぐに実施しなければいけない、という考えに納得ができない。「財政再建は将来世代の負担を減らすためだ」という理屈は、頭では分かっているが心がついていかないのである。「押し付けられた近代国家システムを維持するために、大きな財政再建コストを、なぜいま自分たちが支払わねばならないのか」という意識が、「将来世代のために財政再建は必要」という理屈と拮抗し、判断が先送りされてしまう。

このような責任や当事者感覚の希薄化という心理状態は、歴史の断絶というくさびが我々の人格の中に打ち込まれた結果として生じていると見ることができる。まさに、日本の財政問題は「歴史の復讐」なのである。

歴史を自分のものとして引き受ける信念と責任感覚は、歴史の連続性によって、理屈を超えた体感として与えられるものではないだろうか。そうだとすると、ここで我々が論じてきた政治哲学的な思考（イノベーションの社会契約論、世代間資産としての正義、拡張された理性の進歩など）を理性のはたらきだけで理屈として納得し、信念に変えることは困難かもしれない。理性以外のなんらかの経路で、歴史または経験を直接的につかみ取り、人間社会のシステムの持続性に対する深い配慮と責任感を感得することが必要なのである。

　これから、人工知能で拡張された理性の進化とそれに伴う知の探究（イノベーション）が人間社会にもたらすさまざまな帰結を、我々が目の当たりにし、それらに驚愕し、そしてそれらと共存していくだろうということはひとつの希望を示しているのかもしれない。そのような経験を通して、イノベーションによる分配的正義の進化を永続的なものだと暫定的に見なす信念を我々は持てるようになるかもしれないからである。

　断絶した歴史を回復することは難しく、いま我々は歴史の復讐に直面して立ちすくんでいる。しかし、新しい技術とそれがもたらす変化の手触りを経験することで、将来への責任を引き受ける覚悟を我々は再生できるかもしれない。本書で示したいくつかのアイデアが、そのような未来の思想につながることを期待したい。

参考文献

ハナ・アーレント著／大久保和郎訳『全体主義の起原3――全体主義』みすず書房、一九七四年。

ハナ・アーレント著／志水速雄訳『人間の条件』筑摩書房、一九九四年。

ハナ・アーレント著／志水速雄訳『革命について』筑摩書房、一九九五年。

東浩紀『ゲンロン0　観光客の哲学』ゲンロン、二〇一七年。

猪木武徳『自由の条件――スミス・トクヴィル・福澤諭吉の思想的系譜』ミネルヴァ書房、二〇一六年。

ジョン・メイナード・ケインズ著／間宮陽介訳『雇用、利子および貨幣の一般理論』（上・下）、岩波書店、二〇〇八年。

西條辰義『フューチャー・デザイン――七世代先を見据えた社会』勁草書房、二〇一五年。

佐伯啓思『倫理としてのナショナリズム――グローバリズムの虚無を超えて』中央公論新社、二〇一五年。

マイケル・J・サンデル著／金原恭子・小林正弥監訳・千葉大学人文社会科学研究科公共哲学センター訳『民主制の不満――公共哲学を求めるアメリカ（上）手続き的共和国の憲法』勁草書房、二〇一〇年。

マイケル・J・サンデル著／小林正弥監訳・千葉大学人文社会科学研究科公共哲学センター訳『民主制の不満――公

共哲学を求めるアメリカ（下）公民性の政治経済』勁草書房、二〇一一年。

マイケル・J・サンデル著／鬼澤忍訳『これからの「正義」の話をしよう――いまを生き延びるための哲学』早川書房、二〇一一年。

J・A・シュムペーター著／中山伊知郎・東畑精一訳『資本主義・社会主義・民主主義』東洋経済新報社、一九九五年。

アダム・スミス著／水田洋監訳・杉山忠平訳『国富論』1～4、岩波書店、二〇〇〇、〇一年。

アダム・スミス著／水田洋訳『道徳感情論』（上・下）、岩波書店、二〇〇三年。

マーサ・C・ヌスバウム著／小沢自然・小野正嗣訳『経済成長がすべてか？――デモクラシーが人文学を必要とする理由』岩波書店、二〇一三年。

F・A・ハイエク著／西山千明・矢島鈞次監修・気賀健三・古賀勝次郎訳『ハイエク全集I－7　自由の条件III――福祉国家における自由』春秋社、二〇〇七年。

F・A・ハイエク著／西山千明・矢島鈞次監修・矢島鈞次・水吉俊彦訳『ハイエク全集I－8　法と立法と自由（I）――ルールと秩序』春秋社、二〇〇七年。

F・A・ハイエク著／西山千明・矢島鈞次監修・篠塚慎吾訳『ハイエク全集I－9　法と立法と自由（II）――社会正義の幻想』春秋社、二〇〇八年。

F・A・ハイエク著／西山千明・矢島鈞次監修・渡部茂訳『ハイエク全集I－10　法と立法と自由（III）――自由人の政治的秩序』春秋社、二〇〇八年。

トマ・ピケティ著／山形浩生・守岡桜訳『21世紀の資本』みすず書房、二〇一四年。

セザー・ヒダルゴ著／千葉敏生訳『情報と秩序――原子から経済までを動かす根本原理を求めて』早川書房、二〇一七年。

ディビッド・ヒューム著／土岐邦夫・小西嘉四郎訳『人性論』中央公論新社、二〇一〇年。

福田恆存著、浜崎洋介編集『国家とは何か』文藝春秋、二〇一四年。

ヘーゲル著／長谷川宏訳『歴史哲学講義』（上・下）、岩波書店、一九九四年。

J・G・A・ポーコック著／田中秀夫・奥田敬・森岡邦泰訳『マキャベリアン・モーメント――フィレンツェの政治思想と大西洋圏の共和主義の伝統』名古屋大学出版会、二〇〇八年。

ニッコロ・マキャヴェリ著／河島英昭訳『君主論』岩波書店、一九九八年。

増田直紀・今野紀雄『「複雑ネットワーク」とは何か――複雑な関係を読み解く新しいアプローチ』講談社、二〇〇六年。

松尾豊『人工知能は人間を超えるか――ディープラーニングの先にあるもの』角川書店、二〇一五年。

バーナード・マンデヴィル著／泉谷治訳『蜂の寓話――私悪すなわち公益』法政大学出版局、一九八五年。

山竹伸二『「認められたい」の正体――承認不安の時代』講談社、二〇一一年。

ハンス・ヨナス著／加藤尚武訳『新装版　責任という原理――科学技術文明のための倫理学の試み』東信堂、二〇一〇年。

カーメン・M・ラインハート／ケネス・S・ロゴフ著／村井章子訳『国家は破綻する――金融危機の８００年』日経

ＢＰ社、二〇一一年。

ジャン・フランソワ・リオタール著／小林康夫訳『ポスト・モダンの条件——知・社会・言語ゲーム』水声社、一九八九年。

ジョン・ロールズ著／川本隆史・福間聡・神島裕子訳『正議論　改訂版』紀伊國屋書店、二〇一〇年。

ジョン・ロールズ著、エリン・ケリー編／田中成明・亀本洋・平井亮輔約『公正としての正義　再説』岩波書店、二〇〇四年。

カルロ・ロヴェッリ著／竹内薫監訳・関口英子訳『世の中ががらりと変わって見える物理の本』河出書房新社、二〇一五年。

リヒャルト・フォン・ヴァイツゼッカー著／永井清彦訳『新版　荒野の40年——ヴァイツゼッカー大統領ドイツ終戦40周年記念演説』岩波書店、二〇〇九年。

Arrow, K. J., (1973) "Rawls' principle of just savings," *Swedish Journal of Economics*.

Braun, R. A., and D. H. Joines (2015) "The implications of a graying Japan for government policy," *Journal of Economic Dynamics and Control* 57, 1-23.

Gilboa, I., and D. Schmeidler (1989) "Maxmin expected utility with non-unique prior," *Journal of Mathematical Economics* 18, 141-153.

Guvenen, F. (2016) "Income Inequality and Income Risk: Old Myths Versus New Facts" Handout for the workshop of the Australian Macroeconomics Society.

Hansen, G. D., and İmrohoroğlu, S. (2012) "Fiscal reform and government debt in Japan: A neoclassical perspective," Working Paper.

Hansen, G. D., and İmrohoroğlu, S. (2016) "Fiscal reform and government debt in Japan: A neoclassical perspective," *Review of Economic Dynamics* 21, 201-224.

Hayek, F. A. (1945) "The Use of Knowledge in Society," *American Economic Review* 35, 519-530.

Knight, F. H. (2006) *Risk, Uncertainty and Profit*, Cosimo Inc.

Rawls, J. (1993) *Political Liberalism*, Columbia University Press.

Summers, L. (2013) "Why Stagnation Might Prove to be the New Normal," *The Financial Times*, December 16.

あとがき

最後に、本書執筆の経緯を記しておきたい。

本書は、ミネルヴァ書房の堀川健太郎さんの勧めにより同社の月刊誌『「究」』に二〇一五年から二年半にわたって連載した『時間の経済学』を大幅に加筆修正したものである。

この連載には前日譚があり、そもそもの始まりは、二〇〇九年秋に同社の後藤郁夫さん（故人）が筆者を訪れ、書籍の執筆を依頼されたことだった。経済学の枠を超えて思想的な広がりを持った経済政策論を書いてほしいというお話であった。後藤さんはそのときすでに闘病中で、病を押して熱心に説得されたが、当時の私は世界金融危機後の混乱期に研究の方向感が定まらず、非常に心苦しく感じながらも書籍の執筆はお断りし、後事を託す後任として堀川さんを紹介された。

後藤さんの歿後、三年経って堀川さんが連載とその書籍化を提案されたことが本書執筆の直接のきっかけである。金融危機からすでに五年が経ち、経済学は従前のパラダイムのまま落ち着きを取り戻していたが、私は、日本の財政や東日本大震災後の問題などが示す人間社会の長期的な持続性という課題について、経済学の枠にとらわれず一から考え直したい、という思いを強くしていた。

そこでこの連載は、あえて経済学ではなく、政治哲学の文献を読んで思索した結果を書き留めていくというスタイルにした。土地勘もなく、終わりの見通しも立たない「海図のない水域」への無謀な航海のような連載であった。

執筆にあたっては、西山圭太さん（経済産業省）、福山絵里子さん（日本経済新聞）、西條辰義さん（高知工科大学）から大きな恩恵に浴している。西山さんの該博な知識と見識には昔からいつも刺激を受けているが、本書の執筆に際しても彼の哲学的な洞察から多くの貴重な示唆を得た。特に、人工知能の発展は人間理性による世界認識の枠組みそのものを変える、という西山さんの直観は本書の重要な論点の基礎となっている。場の量子論を学んだ福山さんの取材は根源的な探究者の相貌を備え、いくつもの思索のヒントをくれた。連載中に文献の読解から思想の探究へと舵を切れたのは彼女のおかげである。西條さんからはフューチャー・デザインの研究プロジェクトに誘っていただき、仮想将来世代の考え方をはじめ、フューチャー・デザインの重要な研究結果を教えていただいた。また暖かい励ましの言葉で、遅々として進まない終盤の執筆について私のやる気を喚起してくださった。

なんとも危なっかしい連載だったが、編集者の堀川健太郎さんは私の自由すぎる執筆内容に文句ひとつ言わず、計三〇カ月の連載にお付き合いいただいた。

このように、本書は一〇年近くに及ぶ長い年月の中で、筆者が多くの好運な出会いに恵まれたおかげで書き上げることができた。また、ここに書ききれない多くの方々から学ばせていただいた知識や考え方が本書のさまざまな場面で執筆を進める際の貴重な鍵となった。関係者の皆様には、ここに衷心より御礼申し上げる次第である。これで泉下の後藤さんにも少し顔向けできるような気がしている。

最後に、いつも筆者を支えてくれる家族と両親に心からの感謝の言葉を送りたい。

平成三〇年　初冬

小林慶一郎

叢書・知を究める

①脳科学からみる子どもの心の育ち　乾　敏郎 著
②戦争という見世物　木下直之 著
③福祉工学への招待　伊福部 達 著
④日韓歴史認識問題とは何か　木村 幹 著
⑤堀河天皇吟抄　朧谷 寿 著
⑥人間《ひと》とは何ぞ　沓掛良彦 著
⑦18歳からの社会保障読本　小塩隆士 著
⑧自由の条件　猪木武徳 著
⑨犯罪はなぜくり返されるのか　藤本哲也 著
⑩「自白」はつくられる　浜田寿美男 著
⑪ウメサオタダオが語る、梅棹忠夫　小長谷有紀 著
⑫新築はお好きですか？　砂原庸介 著
⑬科学哲学の源流をたどる　伊勢田哲治 著

《著者紹介》

小林慶一郎（こばやし・けいいちろう）

1966年　生まれ。
1991年　東京大学大学院工学系研究科修了（工学修士）。
1998年　経済学 Ph. D.（シカゴ大学）。
現　在　慶應義塾大学経済学部教授。
キヤノングローバル戦略研究所研究主幹，東京財団政策研究所研究主幹を兼務。
主　著『日本経済の罠――なぜ日本は長期低迷を抜け出せないのか』（共著）日本経済新聞社，2001年，第44回日経・経済図書文化賞，第1回大佛次郎論壇賞奨励賞受賞。
『財政破綻後――危機のシナリオ分析』（編著）日本経済新聞出版社，2018年，ほか。

叢書・知を究める⑭
時間の経済学
――自由・正義・歴史の復讐――

2019年3月20日　初版第1刷発行　〈検印省略〉

定価はカバーに
表示しています

著　者　小林慶一郎
発行者　杉田啓三
印刷者　田中雅博

発行所　株式会社　ミネルヴァ書房
607-8494　京都市山科区日ノ岡堤谷町1
電話代表（075）581-5191
振替口座　01020-0-8076

創栄図書印刷・新生製本

ISBN978-4-623-08438-8
Printed in Japan

人名索引

事項索引

あ 行

か 行

さ　行

た　行

な　行

は　行

ま　行

や・ら・わ行